ANDY MURRAY
SEVENTY-SEVEN
MY ROAD TO WIMBLEDON GLORY

温网荣耀
穆雷自传

[英] 安迪·穆雷 (Andy Murray) ◎著
易 伊 ◎译

新世界出版社
NEW WORLD PRESS

Andy Murray:Seventy-Seven by Andy Murray
Copyright© 2013 77 Limited
This edition arranged with HEADLINE BOOK PUBLISHING LTD(HODDER HEADLINE) through Big Apple Agency,Inc., Labuan, Malaysia.
Simplified Chinese Copyright© 2015 by Grand China Publishing House
All rights reserved.

No part of this book may be used or reproduced in any manner whatever without written permission except in the case of brief quotations embodied in critical articles or reviews.

本书中文简体字版通过 Grand China Publishing House（中资出版社）授权新世界出版社在中国大陆地区出版并独家发行。未经出版者书面许可，本书的任何部分不得以任何方式抄袭、节录或翻印。

图书在版编目（CIP）数据

温网荣耀：穆雷自传/（英）穆雷(Murray,A.)著；易伊译 .--北京：新世界出版社，2015.10
ISBN 978-7-5104-5452-3

Ⅰ.①温…Ⅱ.①穆…②易…Ⅲ.①穆雷，A.－自传Ⅳ.① K835.615.47

中国版本图书馆 CIP 数据核字（2015）第 252273 号

温网荣耀：穆雷自传

作　　者：	[英]安迪·穆雷（Andy Murray）
译　　者：	易　伊
策　　划：	中资海派
执行策划：	黄　河　桂　林
责任编辑：	秦彦杰　张晓翠
特约编辑：	余　涛　梁桂芳
责任印制：	李一鸣　张　英
出版发行：	新世界出版社
社　　址：	北京西城区百万庄大街 24 号（100037）
发 行 部：	(010) 6899 5968　　(010) 6899 8705（传真）
总 编 室：	(010) 6899 5424　　(010) 6832 6679（传真）
http://www.nwp.cn　　http://www.newworld-press.com	
版 权 部：	+8610 6899 6306
版权部电子邮箱：nwpcd@sina.com	
印　　刷：	深圳市彩美印刷有限公司
经　　销：	新华书店
开　　本：	787mm×1092mm　1/16
字　　数：	180 千
印　　张：	16
版　　次：	2015 年 12 月第 1 版　2015 年 12 月第 1 次印刷
书　　号：	ISBN 978-7-5104-5452-3
定　　价：	49.90 元

版权所有，侵权必究

凡购本社图书，如有缺页、倒页、脱页等印装错误，可随时退换。
客服电话：(010) 6899 8638

  谨以此书献给我的女友金、我的家人、我的朋友和与我一同共事过的团队伙伴，还有绝不能忘记的两条狗狗——麦琪和拉斯提。没有你们的爱与支持，以往的一切美好都是不可能实现的。

  这本书同时也献给所有支持我的人，包括我的赞助商。由于名字太多，我无法一一提到，但你们知道我的心意。我想在此感谢所有帮助过我的人，无论是在场上还是场下。过去的16个月真是令人不可思议，我希望我能让你们感到自豪。让我们共同期待未来吧。

  最后，感谢出版社，我爱这本书，希望读者们也和我一样。

安迪·穆雷

目 录 CONTENTS

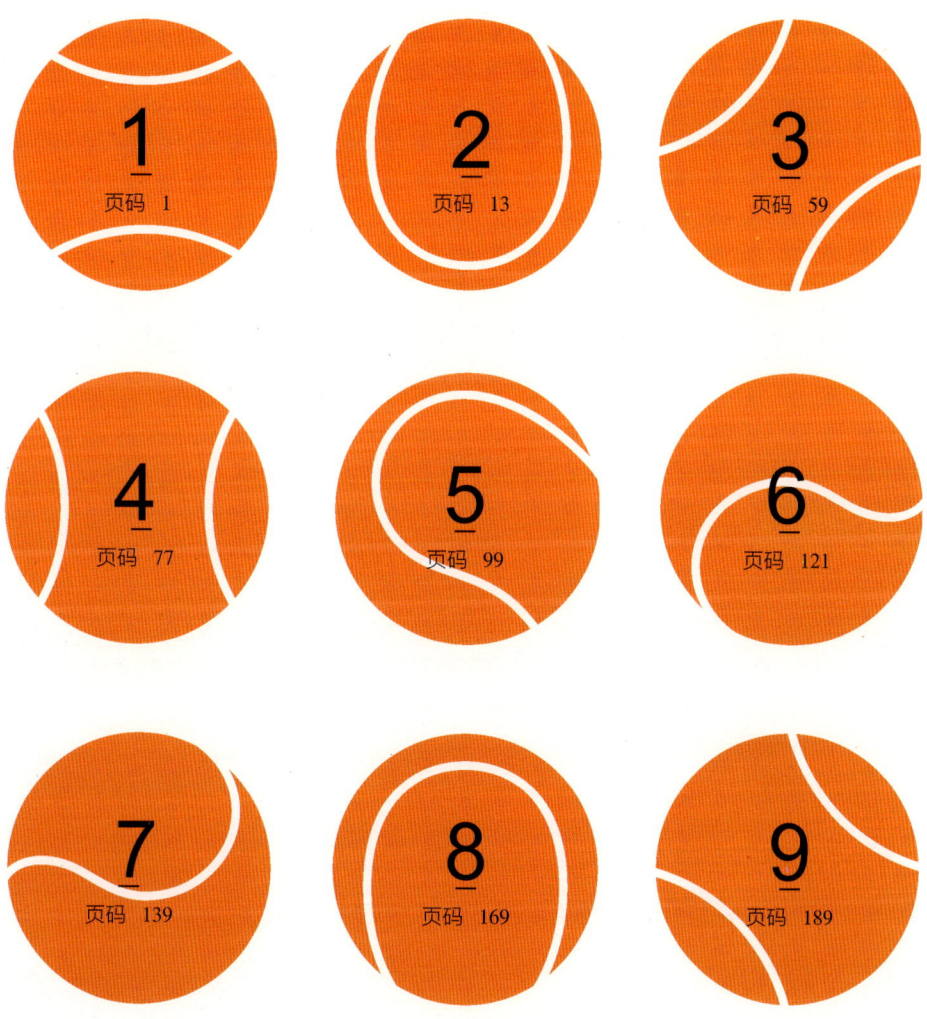

1　页码 1
2　页码 13
3　页码 59
4　页码 77
5　页码 99
6　页码 121
7　页码 139
8　页码 169
9　页码 189

附　录　安迪·穆雷杀进决赛的大满贯及奥运会网球比赛完全数据　204

第1章

  我的手抖得很厉害。我低头看了一眼左手，记忆中，这是我第一次在网球比赛中发抖。

  此刻，我正身处一场激烈的比赛中，而这场比赛很可能会改变我的一生。

  现在是我的发球局。我跑过去拿起球，准备发球。温布尔登网球公开赛的历史上，这是头一次在总决赛第三局打成5比4的情况下，出现四次局末平分。我已经错过了三个赛点，错过了三次问鼎男子单打冠军的机会；而德约科维奇，排名世界第一的伟大球员，三次扛住了我的猛烈进攻。

  你永远猜不到自己的身体在这种环境下会出现什么样的反应，我双手的颤抖也体现了这场比赛的重要性，我对此感到诧异不已。温网开赛前一周，我还在为自己的口腔溃疡而烦恼，每年温网前的周二或周三它就会发作一次。这项赛事对我和我的祖国如此重要，我很想避免溃疡发作，但重压之下，我的身体显然已经不受控制。比赛开始前，溃疡会自然痊愈，但它发作的时候，实在疼得要命。

  面对大赛压力，每个运动员都会产生不同的

反应。有的人头痛欲裂，就像遭受了重击一样，这让他们一心想要速战速决，即使兵行险招；有的人则手臂僵硬，发球和击球都无比困难。至于我，我的双腿像灌了铅一般，肿胀不堪，移动严重受限。

但我无暇顾及其他，因为在中心球场的炎炎烈日下，我正身处一场平局。我有过3次绝佳机会，只要多拿1分，我就能捧起渴望已久的冠军奖杯，但机会已逝，现在我得赢下两球。刚才那道无法逾越的鸿沟如今变成了两道，颤抖始于此时。

几分钟前，我坐在场边的椅子上时，只想着为冠军而战，这种心态在之前的美国公开赛上也有过，感觉很棒。我没有那种"接下来该怎么办"或"我该怎样掌控局势"的杂念。如果我去想这些，只会让自我感觉变得糟糕，且异常紧张。我不太理解这些，反正不去想多余的东西就对了。我将冰袋敷在肩膀上，脑子里唯一的念头便是拿下第一个发球，开个好头。这种情况下，第一分至关重要：拿下第一分，你会自然而然地觉得自己在每个发球局都至少能轻易得到1分。

观众们疯狂了，他们朝我大声呼喊，但除了自己的名字，我根本听不清其他单词。周围太吵了，主裁喊"时间到"时，我几乎错过了。我走回球场，做自己必须做的事。

我当然清楚，拿下这个发球局就能赢得冠军。在过去其他大满贯赛事中，每当比赛进行到这个阶段，我的身体和大脑都能感受到这项锦标的分量。我的脑海中回忆起自己经历过的那些关键时刻，当我努力面对它们时，结果都不会像我当初设想的那样糟糕。这就是我一生都在为之努力的事业，这就是我每天竭力训练的意义所在。

是的，我依然会紧张。

2012年美国公开赛决赛,我在阿瑟·阿什球场面对的也是德约科维奇。当时的我非常放松,因为我在第五局比赛中拿到了两个破发点,我只要一鼓作气就能拿下比赛,而他则要寄望于奇迹的发生。

但在温布尔登,我却面临着不同的处境。在训练场上,你可以演练所有可能发生的情况,但这种喘不过气来的紧张,若非亲身经历,是很难体会的。

你或许会说,不就是在温布尔登发个球吗?好吧,如果发球失误了呢?当你去设想一场比赛的场面时,理想和现实总是会有差距的。我向你保证,坐在沙发上想象一场比赛和拿着球拍站在场上真刀真枪地来一场,是完全不同的两个概念。

想好了要把球往哪里打之后,我便以一种离谱的方式一发失误。二发时,德约科维奇正手将球送至中线附近,我同样正手击回,随后他反手击球失误,球出了底线。我深吸了一口气。。

接下来的回合,我不慎将球打在球网上,再次错失一发。二发时,德约科维奇回球落点很深,短暂对攻后,他在底线附

> Here we were at deuce, on Centre Court, Having been three times within a solitary point of the title, the gulf had extended to two points. That is when the shaking began.

Yes, it was only a tennis match, but it was the most important one of my career, a match for which I have been training since I was 15: ten years of my life.

近尝试放短球，我冲刺上前，正手迎球，轻颠过网。30 比 0。

接下来的发球生死攸关。我全力将球抽向中线，德约科维奇反手回击，球飞出底线。40 比 0，冠军点。

我有整整 3 次机会来结束它。

球场里霎时平静下来，偶尔两三声呼喊也令我不得不停下发球动作。

我朝边线发出一记时速为 131 英里的球，德约科维奇先是轻巧地反手将球切回，而后又回出落点很深的一击，我救球的时候，他包抄至网前截击。我试图打一记穿越球，但他看出了我的意图。对手已是背水一战，他令人震惊地在网前截下两球，而我仓促之下的回球被他正手截击。得分。40 比 15。

第二个冠军点，我又不走运地一发出界，二发则被德约科维奇抓住机会，漂亮地反手回球得分。40 比 30。

第三个冠军点，我再次一发失误，球飞出底线。鉴于观众席传来的一声尖叫，我想，或许能挑战一下鹰眼。但从德约科维奇的表情来看，他认为此球出界无疑，谁知道呢？但鹰眼证明，球至少飞出底线 6 英寸。

接下来的回合很艰难。我感觉自己打出了一记漂亮的反手边线球，但差之毫厘，球再次出界。平局。

我让球童递来一条毛巾，因为就在此时，我发现自己的左手在颤抖。

下一局，我发了一个好球，德约科维奇非常有力地把球打了回来。我再次得到一个正手机会：我退回底线附近，如果能将球击到他身后，我就能拿下这一回合，但他已经封住了那几条球路。如果我当时选择把球打向另一侧，也许能早些拿到冠军。我正手击球挂网，对手猜中了我的心思。德约科维奇领先。

我事后看过比赛录像，那一刻，镜头对准了我的妈妈。她在说："你行的！"但我知道，她只是在安慰我。我真不愿看到这样的画面，她的表情比任何人都焦急，我能从她的表情中感受到那种压力。她多么希望我表现得更出色一些。我不想家人为我紧张、担忧，一点儿也不想。

当时，我把全部注意力都集中在了赛场上，换作平时，我也许会看看自己的亲友团。但在那种情况下，从 40 比 15 到比赛结束，我都没有将目光投向他们，因为他们的表情和动作有时会对我产生影响。这一次，我要集中全部注意力，拿下自己应该拿下的比赛。

我喜欢网球比赛的得分制。前一刻你还信心满满，满以为自己将要赢下比赛，但仅仅 4 局之后，对手便反超了你。局面顿时岌岌可危、扑朔迷离。

很难用言语描述我当时的压力和紧张，输掉这一分，我也许就彻底完了。只剩最后一次机会，我忍不住去想接下来可能发生的事。

是的，这不过是一场网球比赛而已，但它却是我职业生涯中最重要的一场比赛。为了这场比赛，我从 15 岁便开始训练，一练就是 10 年。无数个挥汗如雨的日日夜夜，为的就是今天站在这里。每一分背后都是巨大的付出，而现在，我一旦搞砸，10年的努力都将白费。是的，太艰难了。这也是为什么半个小时后离开赛场时，我仿佛失去了生命的力量，彻底虚脱了。

我暂时落后，德约科维奇来到破发点。但接下来我就朝中线发出了一个漂亮球，导致他正手回球出界。比赛再次回到平局。

我握紧拳头给自己打气，大喊一声："上啊！"此时此刻，我需要观众的力量。这一分来得相当容易，在与德约科维奇对阵时并不常见。我必须保持自信，顶住压力。即使手在颤抖，我也不信自己会被压力打败。

接下来一回合异常激烈，是整场比赛中最精彩的一局攻防。德约科维奇的每一次进攻都证明着他并非浪得虚名，而我的防御则在底线附近滴水不漏。终于，我的一记反手回球力量不足，德约科维奇网前半截击，网球擦过球网，轻巧落地。我只得望球兴叹。德约科维奇领先。

再次遭遇破发点后，我的一发又失误了。二发打得不错，德约科维奇反手回球。这又是异常激烈的一个回合，我们至少打了20拍。当时我判断德约科维奇会站住不动，于是打了一记几乎要出界的反手击球。德约科维奇轻轻地将球挡回，我飞奔上前，用力搓了一个下旋球。这种球反弹高度很低，所以，触球瞬间需要将网球保持在一定高度才能过网。在如此激烈的一回合比赛中，既要降低球的高度，又要让球过网，难度可想而知。但我成功了。平局。

下一回合，我抓住德约科维奇放短球的机会前冲，想突然放一个小球，但他迅速赶上，吊出一个漂亮的正手斜线。我感觉自己步伐沉重，这是压力的征兆，但我必须打起精神，为下一分拼尽全力。德约科维奇领先。

我又发出一记好球，德约科维奇回得不错，但球有些短，我抓住机会正手直线球杀向边线。他尽全力回出一记反手，我则趁机跑至网前以一个反手截杀拿下关键一分。平局。

赛后，我向当时的教练伊万·伦德尔谈起自己在温布尔登的两个星期中的表现，哪些时候发挥得好，哪些时候发挥得不够好。我对他说，虽然我没能早些拿下比赛，但两次面对破发时，我的表现相当出色，我竭尽全力，扳回了比分。

为那几个球我整整训练了18个月，重压之下，发挥良好。这件事证明，努力训练可以让人获得第二本能。这也是我训练的目的，即使在比赛中承受着巨大压力，我的身体依然能够作出正确反应。这记势大力沉的正手击球为我扳回了比分。我抬头看了一眼观众席上的亲友团，这并不表示我不再努力保持专注，而是我想告诉他们：我很好，我的头脑清晰且敏锐。

下一回合同样打得紧张激烈。我再次一发失误，二发的球速也只有每小时80英里。于是我们在各自底线附近又一次展开交锋，彼此周旋的同时，每一击都侵略性十足，局面险象环生。我记得德约科维奇用一记相当有威胁的正手将球击到我正手的角落位置。我努力将球救起，他又回了一个正手直线球，我被迫防御性地吊起一个高球。如果要问德约科维奇最喜欢什

New York felt like an individual accomplishment, but Wimbledon was for everyone. It was for my team, the media, the crowd, the huge TV audience.

么事情，那一定是毫无压力地站在一个高球的正下方。这一次，我猜对了。我站在反手区角落没有移动，成功地接住了他的单手斜线扣杀。他来到网前截击，但我正等着他这一招。我迎球抽出一记正手。对手已没了反击之力。

穆雷，领先！

又是冠军点，本场比赛第四个。

那一刻，我只需要做自己应该做的事情：用毛巾尽量让自己冷静，挑两个质量最好的球，然后做好准备。我的心脏在胸腔里狂跳，肾上腺素大量分泌。我终于得到了第四次机会，我的发球状态已调整至最佳，但德约科维奇球拍一伸，依旧把球漂亮地挡了过来。我正手回球，随即移动脚步来到一个有利位置，以迎接一记远离自己正手的回球。他朝边线瞄准，回了一个直线球，但……回球挂网了。

继去年赢得美国公开赛冠军之后，我惊讶于再次以这样的方式赢下比赛，你或许从电视上看见过我在美国时难以置信的模样：双手捂嘴，一脸茫然地看向亲友们。

但在中央球场，我知道这场胜利的意义。我扔掉球拍，摘掉帽子，我只想和在场的所有人一起庆祝。

I went down on my knees, taking big, deep, incredibly elated breaths. I really didn't know where I was for a while, to be honest. It was totally spontaneous.

即使美国公开赛的重要性丝毫不亚于温网，即使美国公开赛是我的第一个大满贯，我对这两项赛事的责任感仍有不同。纽约更像是我的个人成就，而登顶温布尔登，我的祖国已经等了太久。我的同胞们支持着我，等待着我。

我要将温网冠军献给所有人。献给我的团队，献给媒体，献给现场的观众，献给守候在电视机前的每一个人。

我望向 BBC 现场评论席，蒂姆·亨曼和其他媒体朋友们都在那里。我拥抱了德约科维奇，或许他当时对我说了些什么，但很抱歉我已经忘记了。我双膝跪地，深吸了一口气，然后走到球场的角落，与一些陌生人击掌相庆。

我不知道自己要往哪里走，走到哪儿算哪儿吧。甚至有那么一会儿，我的大脑一片空白，不知自己身处何地。一切都是无意识的，我的思绪一片混乱，一时转不过来了。

我没有听见裁判员读出比分，但已经不重要了——我知道自己做到了。我十分清楚自己取得了什么样的成就。我赢得了温网冠军，那种压倒一切的感觉，我想和每个人分享。

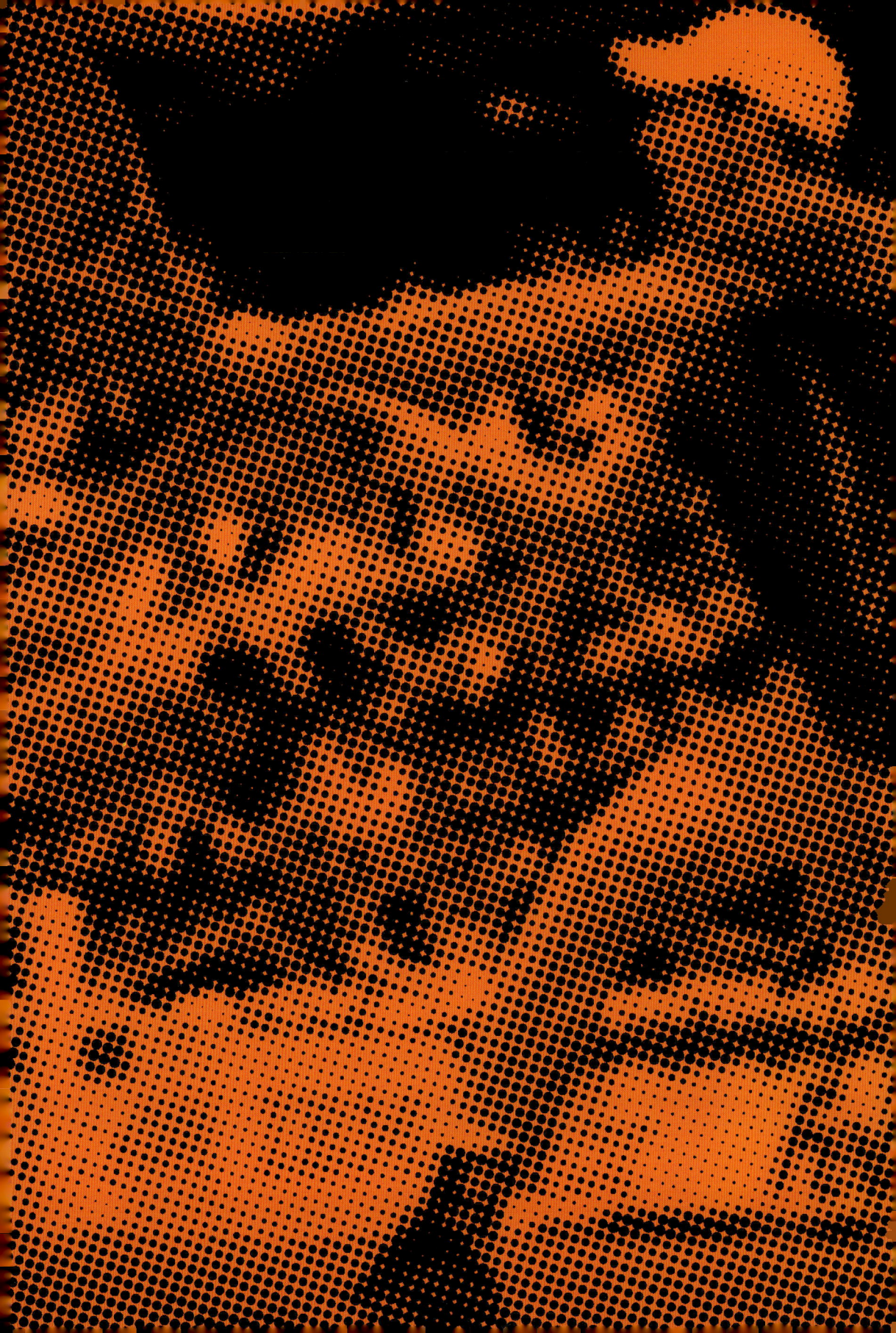

第 2 章

从经验上看，我的职业生涯一直呈稳定的上升状态。我相信自己每天都能进步，并为此付出巨大的努力。偶尔，我的进步会出现大幅飞跃，比如从世界排名第 350 名一下跳进前 100 名。但我想说的是另外一件事，从这个角度来看待自己的职业生涯才算明智。不过区区几个月，我就接连赢得了奥运会冠军、美国公开赛冠军和这一次的温网冠军。这几项冠军背后有着非同寻常的意义和难以想象的风景。

每个人都想在一件事情上尽快获得成功，这是人之常情。但回顾我的职业生涯，稳扎稳打的前进方式，令我受益匪浅。

回想我的初次大满贯决赛，那还是 2008 年的美国公开赛上与罗杰·费德勒的对阵，我记得那场比赛的每一秒钟和每一个细节。当时的我还是个毛头小子，身体和技术都尚未成熟。虽然仅仅过了 5 年，但回忆起来却如同一个世纪般遥远。我非常幸运能一路打到决赛，事实上，这甚至令我有些措手不及。第三轮，我在两盘落后的情况下，逆转奥地利选手于尔根·梅尔策，然后在半决赛遭遇了拉斐尔·纳达尔。

▼ 在2008年美网公开赛上,我穿着灰白色的弗莱德·派瑞网球装,握拳庆祝,内心充满渴望和激情——但我还没有准备好赢得自己的第一个大满贯。

⏩
阿瑟·阿什球场：世界上最大、最喧闹的网球场。不是每个人都喜欢它，但我很享受这里举办的每一场赛事，尤其是在夜晚。

2008年美网公开赛我完败给罗杰·费德勒后的瞬间。我竭尽全力挑战费德勒，但他拆解了我所有的招式。

We all want to succeed as quickly as we can. It's only natural. But in retrospect, the way I have gone about my career, one small step at a time, has been beneficial.

我与纳达尔有过5次交锋，无一胜绩，但我并没有什么心理负担。因为下雨的关系，比赛打了两天，场地也从路易斯·阿姆斯特朗球场挪到了阿瑟·阿什球场，这让我多费了不少功夫。

24小时后，我重返赛场，面对罗杰·费德勒。说实话，我还没准备好迎接这样一场战斗。一切来得太快，去得也太快。短短51分钟，我就以2比6、5比7和2比6输掉了比赛。这样的经历，对我未来的比赛并没有太大帮助。

或许，我只是不知所措了。费德勒打过无数大赛的决赛，我的经验与他相差悬殊。比赛前一晚，我并不紧张，只有最纯粹的兴奋感。因为我并没有真的期待自己能拿下这个冠军。

回顾我的成绩、我的表现，这便是我所谓的循序渐进。在重大比赛中击败纳达尔和费德勒，看上去似乎是职业生涯的一次飞跃，但随着时间推移，我发现，只有我的第一次美网决赛（输）、第一次澳网决赛（输）、第一次法网半决赛（输）和第一次温网决赛（是的，还是输）等经历才能被称作职业生涯的里程碑。

职业生涯中前进的每一步，包括击败纳达尔、德约科维奇以及第一次击败费德勒，都历尽曲折。2008年在纽约击败纳达尔似乎并不怎么值得庆贺，毕竟我输掉了接下来的决赛，但这场胜利代表着我在正确的道路上又前进了一小步。

I don't know how many people thought Ivan was the right person for me, because he had been away from tennis for a while, but I have never made a better decision.

　　我的进步途中唯一一件充满戏剧性的事发生在我进入世界排名前 100 名的时候——我一直希望取得这个成绩，这基本是我作为职业球员最初的梦想。当我进入巴塞罗那的桑切斯网校学习时，我心中暗暗许愿，只有踏入世界前 100 名，我的职业生涯才算成功。

　　2005 年，我第一次参加温布尔登网球公开赛。我发挥不错，杀入第三轮，并以 2 比 0 领先阿根廷选手大卫·纳尔班迪安。可惜我没能保持住这个势头。我当时和马克·佩奇奋战了整整 10 周，一路高歌猛进，从温网草地打到了美网公开赛。我当时感觉自己即将开始真正的职业生涯，感觉正走在属于自己的道路上。

　　我现在再也不会连打 9 周或 10 周的比赛了，当时我只有 18 岁，满心只想着打球。我曾被问过这样的问题：你的职业生涯是以目标为导向，还是以过程为导向？那个时候，我只想挤进世界前 100 名，就算要为此连续打 10 周比赛，我也无所谓。

通过10周的努力，我达成了自己的目标。但就在那时候，我便明白，接下来的任何一步，都需要花更多的时间为之奋斗。这些目标不是一夜之间就能达成的。

我开始肩负着他人的期望前行，也因这种责任感而得到了许多回报。我开始意识到，有一个强大的团队支持是多么重要的事情。那时候，佩奇教练对我关爱有加，我们已经很长时间没有合作，但从那时起，直到今天，他都坚定不移地站在我身边。他从我的角度看待事情，他知道我为了成为今天的自己付出了多少努力。我们共同生活过一段时间，我和他的孩子关系密切。如果不是年龄相差不大，我几乎可以说他就像父亲一样关照着我。

我知道他对我的职业生涯来说有多重要。我当时刚离开西班牙，踏上了全新的征程。而佩奇在天空体育任职，还有家庭，所以让他离开南非来全力支持我，是一个非常艰难的选择。在我十几岁的时候，真正看好并信任我的人并不多，而佩奇教练就是其中之一。从第一次看我打球起，他就一直支持着我。他在英国草地网球协会（LTA）担任男子比赛主管时，也常支持我。

我喜欢待在他身边，我们相处得很愉快。我喜欢和他一起到处旅行。18岁以前，我和佩奇教练几乎形影不离。蒂姆·亨曼和格雷格·鲁塞德斯基当时也在英国顶级赛事中打球，但他们参加的赛事和我不一样。我和佩奇教练完全依靠自己，在未知的水域中冒险。

我需要某个人来管教我、照看我，同时关心我。职业网球联赛周围常有唯利是图的小人出没，他们有的觊觎球员的财产，有的想从球员辉煌的未来里分一杯羹。佩奇在这样一群人中保护着我，我需要这样一位为我的利益挺身而出的伙伴。

吸引那些寡廉鲜耻之徒的，并非只有网球这一项运动。体育竞技中最让我厌恶的一面，便是总有那么多人想从单纯、充满理想的年轻运动员身上榨取油水。作为一名职业球员，我必须为自己的成长和未来高度做出一些选择。从很多方面来说，我对自己的选择都十分满意。这些选择造就了今天的我，而另一方面，也造就了一路上伴随我的人。很多人都为我付出许多，我亏欠着他们。

与我合作过的教练能排成长长的一列。马克·佩奇、布拉德·吉尔伯特、迈尔斯·麦克拉根、亚历克斯·科雷查、伊万·伦德尔、达尼·巴利韦尔杜，他们伴随着我一路成长。我与他们的感情一直很好，我能和他们中的任何一人单独聚餐，这感觉很棒。待我退役后，能和所有共事过的人保持朋友关系非常重要，他们也非常高兴能成为我生活中的一部分。电视上，佩奇和布拉德都极力支持我。因为他们曾与我朝夕相处，了解我、理解我，每天都面对着我的优点和缺点。这让我很高兴，因为他们并非一味袒护我，而是保持客观公正，观点总是非常明确，条理清晰。最重要的是，他们保护着我，这才是最令我感动之处。

我的签约公司也令我感动，尤其是它为了维护我职业生涯的利益和发展做出过那么多努力。

13岁时，我就与欧特冈（Octagon）公司签下了第一份职业合约。我要谈的不是这个决定，而是这个现象。请不要误解我，欧特冈公司待人宽和，我们至今保持着良好关系，我只是不喜欢看着那些公司和年仅13岁的孩子签约，我对竞技体育商业化并无好感。

当然，如果你需要到国外进行训练，这种商业操作能为你提供重要的资金支持。网球是一项昂贵的运动，因此，孩子的父母通常并不反对早早签约的行为。就我而言，我并不认为这是理想的情况。我不是说每家代理机构和经纪公司都唯利是图，但我已经在网球界待了很长时间，知道有的人根本不值得信任。退役后，我会尽力帮助年轻运动员的发展，引导他们做出更好的选择。十几岁时，我只想好好享受网球带来的快乐，接受教练的指导，得到喜欢的装备，而不希望从父母或经纪公司那里承受额外的压力。

18岁时，我签约了第二家公司。当时的我缺乏社会阅历，无法独自做出这种重要决定，所以我的家人从旁协助。我全心全意地信任别人，然而不知道他们是否真的关心我，或是否真的希望我取得成功。我依靠直觉做出决定，与一家规模虽小，但愿意在我身上花更多时间的公司签下了合约。

我加入了艾斯集团，帕特里西奥·艾佩成为我的经纪人。从艾佩身上，我学到了很多东西。这是我职业生涯的一个关键时期，布拉德·吉尔伯特加入团队，成为我的教练。我野心勃勃，想一展身手。

但天有不测风云。20岁，正当我感觉处于巅峰状态时，却遭受了迄今为止最严重的一次伤病。这次挫折教会了我许多。2007年5月，我在德国汉堡的比赛中伤了手腕。我不仅担心这次伤势对我的短期影响，更忧虑它

The crowd in Australia has always been excellent to me and that's a considerable help. They were brilliant in the final in 2011, virtually on my side.

◀◀ 我赢得了2012年布里斯班国际赛冠军,这是伊万·伦德尔担任我的教练后,我打的第一届完整赛事。我很感激"伦德尔先生"给我的帮助。

会成为我整个职业生涯的长期阴影。外界传言,我可能再也打不了比赛了,但我绝不是一个轻言放弃的人。

当时,外界对我是否能出战温网尚有争议,可事实上,我知道自己已经无法及时复出了。令我煎熬的不是做出弃赛决定,而是错失那届大赛的遗憾。我实际上已没有选择,尽管布拉德认为我可能赶得上。我整整两个月没有参加任何比赛,甚至在伤愈后,我也感觉自己没有做好复出的准备。

大概就在那时候,我意识到自己和布拉德之间存在一些分歧。他没有认真听我说的话,而是一味地认为我只是想偷懒。于是我们在次年结束了合作,而我也换了一家经纪公司。

2008年,在我哥哥杰米和妈妈的努力下,我第一次见到了XIX娱乐公司总裁西蒙·福勒。我们坐在一起,谈论未来的合作方向。我知道,即使自己再和其他4家不同的经纪公司谈谈,他们说的东西也不会差太远。但西蒙不一样。他喜欢跳出条条款款以外思考,处事方式也令人耳目一新。关于我,他并没有谈论太多,但他详细介绍了公司旗下其他运动员的情况。

西蒙对当年利物浦中场球星史蒂夫·麦克马纳曼出走皇家马德里一事颇为感慨。他认为应该等史蒂夫履行完与利物浦的合同后再和皇家马德里签约,那样皇马不用花一分钱就能引进他,而省下的钱就能用来提高史蒂夫的个人待遇。

麦克马纳曼有权履行完自己的合同,但通常情况下,代理机构希望旗下球员能多转会几次，那样他们就能得到更多的佣金。但西蒙不这样看待问题，因为他和史蒂夫是真正的朋友，而非单纯的商业关系。

我有些担心XIX公司缺乏网球方面的专业知识。我的直觉是对的，于是公司后来又引进了一些网球界的专业人才加入我的团队。

网球是一项复杂的运动，除非全身心投入，否则很难将这项运动理解透彻。当时还有另外一份相当诱人的合同摆在我的眼前，但我认为西蒙才是对的人。于是我对他说，我想和那种与众不同的人合作。于是，意大利人乌戈·哥伦比尼——我12岁参加欧洲少年网球巡回赛时就听闻大名的人物，成为了我的经纪人。有他在我身边打理事务，令我受益良多。

2011年，在澳网决赛中输给德约科维奇后，我诧异地发现，一名来自西蒙·福勒旗下的创新艺人经纪公司的经纪人竟坐在了德约科维奇的亲友团里。当我垂头丧气地走回更衣室时，那位经纪人却在和德约科维奇大饮香槟庆祝夺冠。这种事时有发生，而我对此十分遗憾。

我重复过多次，如今不得不再次强调：你必须保证与正确的人合作。现在，我终于找到这样的人了。

合作时间一长，你自然会了解自己的合作伙伴，而他们也会了解你。我很反感用金钱量化一切，但我也明白，这是高水平职业体育中不可避免的一部分。

如果某经纪公司的人来迈阿密观看我的训练一个月，而非一天，他们一定会很快地了解我的行事风格，了解我对网球运动的执著与热爱。我绝不是那种打完比赛后直接回去洗个澡，在媒体面前搔首弄姿拍5个小时照片，然后作为嘉宾飞往洛杉矶出席某项颁奖活动的人。我也不会偷偷溜回伦敦的家中，第二天再飞回来重拾训练。每年都有一段时间，我只愿专心训练，其他事务一概不理；有时候我也乐意干点别的事，只要适可而止。

训练对我来说极其重要。如果我让我的合作伙伴们没法正常工作，那是不公平的。有一次，我的健身教练组希望我连续苦练3周，每周练5天，只允许在特定几个日子里休息。如果我在训练期间退出，转而满世界出席商业活动，那我就是在妨碍我的教练们工作了。

我承认，自己挺喜欢某些活动的，比如参加《乔纳森·罗斯秀》，为《GQ》杂志拍几张照什么的。我会出席某些商业活动，但比其他网球运动员少多了。我希望自己做正确的事，随时为比赛做好准备，而不是到处捞钱。

温网夺冠后，我需要与各领域的人见面，我明白自己应该耐心一些，而不是与人谈完商业合作便草草了事。我不会随便行动，除非有一个好的理由。

我的团队了解我的需求，也知道一年之中我什么时候真的很忙。如果有公司想在温网开赛前的一个礼拜占用我8个小时时间，那是不可能的。这是很重要的平衡：

To be frank, at that stage of my career, I was feeling like I was a loser: nothing more, nothing less.

◀◀ 轻咬一口美网公开赛男子青年组冠军奖杯。我在决赛中击败了乌克兰选手谢尔盖·斯坦高夫斯基。我喜爱这项赛事，因为它总是对青年选手照顾周全。

走进赛场之前，确保所有杂事都已处理完毕，只有这样才能专注于比赛本身。和网球无关的事，便不应该在训练中思考。

在这一点上，大概三四年前，是我做得最好的时候。那年我只打过一场表演赛，无数合约不断地出现在我面前，在不中断训练的情况下，我会选择性地到某个地方待上一周，而不是今天飞巴西，明天飞墨西哥，后天飞加拿大……这非常不现实，而且影响训练。如果表演赛安排恰当，我很高兴打上几场，但正式比赛永远优先，因为那是我的生命。

2011年快结束时，我询问阿迪达斯教练团的达伦·卡希尔教练，是否愿意放弃在阿迪达斯公司的职位，与我展开全面合作。我对卡希尔教练的能力极为欣赏。他为莱顿·休伊特和安德烈·阿加西工作过，效果卓著。这两位网球运动员都拥有极高尚的职业道德，且训练有素，所以我认为，卡希尔教练一定也会非常适合我。

但卡希尔在阿迪达斯干得很开心，这倒没有让我太惊讶。他有合同在身，而且相比他的电视台事业，成天跟着球员满世界奔波显然不是一个好选择。2011年，我的教练组人手短缺时，卡希尔与我合作过一段时间。我虽然无缘与卡希尔一同拼搏，但他承诺会为我推荐一位合适人选。

相信我，每时每刻都有数不清的人向我的团队投简历，有的想帮点忙，有的想当教练，有的是前著名运动员，还有的我根本没听说过。出身无名的英国教练、前英国网球运动员和评论员们……每个人都嚷着自己能在哪些方面为我带来好处，但实话实说，与他们合作的可能性几乎为零。

满天飞的求职信中，大多都写满了对我的恭维，我承认，我有时也被哄得很高兴。但我也非常不解，其中一些人究竟哪来的勇气，让他自告奋勇写下求职信。是自信心膨胀，还是他们见到我时就已看穿了我的需要？问题在于，我不是那么容易被看透的人。不是每个人都能一次次从大满贯决赛失利的阴影下爬起，也不是每个人都能在比赛中击败那些伟大的运动员——这样的人全世界能找出几个呢？

我对鲍勃·布雷特很有兴趣，他也是澳大利亚人，曾做过鲍里斯·贝克尔和戈兰·伊万尼塞维奇的教练，也曾训练过马林·西里奇，但后者没有为他提供合约。我当然不指望布雷特会打电话说："我将不顾一切地和你展开合作。"张口闭口就"不顾一切"的人通常都不是我的正确人选。鲍勃的履历完美无瑕，但很遗憾，我们最终未能合作。

在卡希尔的帮助下，最终人选落在了两个人身上：罗杰·拉希德和伊万·伦德尔。拉希德在巡回赛方面已有多年经验，我们处得不错。他做过休伊特和盖尔·孟菲尔斯的教练。我知道拉希德会努力为我工作，也会为我的比赛带来极大帮助。我们谈得很愉快，我觉得彼此很合适，因为我真的非常、非常喜欢并尊重他。

后来，在训练期，卡希尔来到迈阿密与我共度了一个星期，帮我在训练场上进行调整，并促成了我与伊万·伦德尔的会面。达尼和我一同驱车上路，来到小城博卡拉顿赴约。我不记得自己与伦德尔谈话时，是否具体谈论过他的工作。他问了我对其他顶级运动员，如费德勒、纳达尔和德约科维奇的比赛的看法，然后他也陈述了自己的观点。

返程时，我、卡希尔以及达尼聊了很多。我思考了一会儿，给罗杰·拉希德打了一个电话，他表示愿意离开澳大利亚，前往佛罗里达为我训练。我沉思不语，随后又打电话给伊万·伦德尔，并回到博卡拉顿，试着与他在训练场上展开合作。从这两次面对面的交流中，我坚定了自己的想法。

我不知道那时候有多少人认为，伊万·伦德尔是我的正确人选，因为他当时已经离开网球界一段时间了。但我对他的职业生涯及其结束方式颇感兴趣。我很高兴并不是每个人都懂得欣赏他，而他在乎的也不是名利，而是胜利。

伦德尔为人谦逊。在佛罗里达95号洲际公路旁的一家意大利餐厅里，我们进行了第二次会面，并达成一致。一方面，这是一个无比正确的决定；另一方面，这家意大利餐厅的食物实在太难吃了。

2012年，我决定首次参加布里斯班国际网球赛。早前几年，我和劳拉·罗布森一起参加过澳大利亚珀斯举行的霍普曼杯。

The crowd in Australia has always been excellent to me and that's a considerable help. They were brilliant in the final in 2011, virtually on my side.

布里斯班国际网球赛有好几场比赛要打,虽然它们都在室内举行,但西澳大利亚的室外天气却尤其适合为接下来的澳网公开赛进行训练。

布里斯班国际网球赛的头几天,我都在与自己的右膝作斗争——这次不是我的髌骨,而是膝盖骨下方添的新伤。我艰难地挺过那几场比赛后,情况渐渐好了起来。

伊万·伦德尔于周五抵达,我在周日拿下冠军,并将它献给"伦德尔先生"。那时候,他甚至还没认全我的团队成员,所以一到墨尔本,他便提议举行一次团队聚餐。我以为他会提议去 NOBU 一类的著名餐厅,结果他却把我们带往赌场旁的一条美食街。

天哪,那里的食物太恐怖了,完全不对我的口味,我已经过了对所有食物都充满好奇并希望尝试的年纪,我只希望吃些更美味的菜式。但伦德尔没让我们穿着西装打着领带坐在一个闷热的小房间吃饭,我就应该感到庆幸了。我不知道自己对他抱着什么样的期望,但一定与那晚的食物可口程度成反比。

虽然我赢过不少包括红土赛场在内的重要比赛,其中有 2011 年法网公开赛 5 盘鏖战拿下维克托·特罗伊茨基的史诗一战,但在伊万·伦德尔成为我的教练之前,我一直感觉自己更像一名失败者。

那是愉快的一晚，大家相处融洽。我对团队的未来感到振奋，但也听到有人抱怨。我是在冒险吗？是的，但无论我做出什么样的决定，风险总是存在的，因为未来总是充满变数。

伦德尔说，他之所以有兴趣担任我的教练，是因为他在佛罗里达布雷登顿的尼克·波利泰尼看过我的训练，当时我的教练还是布拉德·吉尔伯特。他在场边观看我的训练，训练结束后，我们经人介绍认识了彼此。伦德尔认为我很有礼貌，对他很尊敬，同时是一个很勤奋的小伙子。

我想，不了解我的人或许会认为我根本不像自己说的那样彬彬有礼，因为我在赛场上说的话并不那么完美。但恰恰是我的礼貌给伦德尔留下了印象，并让他产生了与我合作的兴趣。他是网球史上最伟大的运动员之一，对他而言，将我带出好成绩，并让自己成为一名成功的教练，是一项不小的挑战。但这也正是他感兴趣的原因之一。伦德尔没有把这当作风险，因为他的思考方式总是很积极。

我不是说自己能像伦德尔那样拿下 8 次大满贯冠军，但这世界上，能体会 4 次大满贯决赛落败滋味的人并不多。伦德尔算一个，我也算一个。

坦诚地说，在职业生涯的那个阶段，我觉得自己是一个彻头彻尾的失败者。别人无法想象，当我走上街头时要承受多少侮辱。路人会对我大喊大叫，嘲讽我的失败；推特网上，类似留言也是家常便饭。即便已经是世界上最好的网球运动员之一，我依然觉得自己是个失败者。我拿过几次锦标赛冠军，我本应为自己的成就感到自豪。

伦德尔没那样的耐心。1986 年，他赢下美网冠军，《体育画报》却将之称为"没人关心的冠军"，那之后，他就再也没接受过这家媒体的采访。

以失败者自居的心态十分棘手。从小到大，我无论在哪个方面都一直十分优秀。我是美网公开赛少年组冠军，同龄组选手中排名第一，是全英国最佳网球运动员，也是全欧洲最佳网球运动员之一。我已经习惯拿到大赛冠军。但即使在我拿下辛辛那提赛冠军后，依然会被记者问到：你什么时候能拿一个大满贯？为什么你还没有拿过大满贯冠军？

我知道这是一个无聊的问题，但自那以后，我便对辛辛那提等赛事没了热情。我拿下这些大赛冠军又如何？人们还是不停苛责我，问我什么时候才能拿下一个大满贯。

他们的关注焦点相互传染。如果我没办法在大满贯上取得突破，那么，在那些"不那么重要"的赛事上，无论击败德约科维奇，还是击败费德勒，又或是击败纳达尔都没有任何意义。拿不到大满贯冠军，赢再多其他赛事冠军，人们的苛责也不会有丝毫减轻。

如果一篇文章称，我在某场比赛中的正手击球能力有所欠缺，我会虚心听取。这不是问题，竞技体育中难免出现这种状况，但没人应当在大街上被咒骂。

This time I felt like I was in a comfortable, settled place. I knew what I had to do. Mentally, I was prepared to win. I felt that I was ready.

是否因为我在 2006 年世界杯上的一句玩笑话让我落得今天这个下场？那句玩笑是否令我接下来数年都受到诅咒？2006 年，在一次采访的最后，我被问到这样一个问题：你支持哪支队伍？

"谁和英格兰对阵，我就支持谁。"我用明显的玩笑语气说。有人记下了这句话，而且很显然，他们永远不会原谅我。无论我做什么，总有人热衷于对我冷嘲热讽，这大概就是原因所在。

罗里·麦克罗伊也有过类似经历。为什么一切如此艰难？为什么人们如此敏感？就让罗里做自己喜欢的事情，并引以为荣吧。为什么他的选择需要考虑政治立场？他是一位好人，一名运动员，不是政客。如果一个人正代表国家在奥运会上奋战，就让他做自己喜欢的决定，然后支持他吧。

李·韦斯特伍德曾是世界排名第一的高尔夫球选手，但他也从未赢得过任何一项大赛冠军，所以外界对他的批评不绝于耳。我想不明白，因为他真的是一个非常好的人。

我自认是一个举止、言行得体而有礼貌的人。父母从小便如此教育我，我会说"你好""请""谢谢"，也会为别人开门。

伊万·伦德尔对此事有着比我更深的体会——他不承认自己的出生地捷克为自己的祖国。他经常教我，不要去管外界的压力，但我知道，他很在意外界对我的看法。他会读那些文章，看那些记者和权威专家又发出了什么样的言论。他选择独自面对一切，帮我将这些影响统统屏蔽掉。

● ● ●

2012 年，我们前往墨尔本参加澳网公开赛，我的感觉非常好——我要惊艳亮相，在每个动作上完美发挥。我相信自己能做到。前五轮比赛，我

只输掉了第一盘。对手是美国的瑞安·哈里森。他是一位初次亮相的年轻人，一开始令我有些措手不及。然而只要我在比赛上站稳脚跟，就一切顺利了。那之后，一直到半决赛对战德约科维奇，我都打得不错。

接下来，是有史以来我打过的最艰苦的一场比赛。德约科维奇永远是一名强大的竞争者，但我确立了2比1的领先优势，乘胜追击就能拿下比赛。但第4盘，我有些松懈，结果一塌糊涂。如果早料到第4盘可能崩盘，我便应该尽力打好开局。

第5盘比赛，我一度2比5落后，但拿下3个破发局后，比分成了5比5。德约科维奇的一发成功率几乎是百分之百，这是一位真正的冠军才具有的素质。但我的状态也逐渐回升，得到了一些机会。最终，我输掉了比赛，但相比以前，我感觉好多了。我在身体上还有不小的提升空间，相比往年，我已进步了不少。

人们说，我在比赛中总是处于被动，而没有主动进攻。但这次对阵德约科维

I remember the boxer Floyd Mayweather saying it is very easy to win from outside the ring, but if you're in the ring and your opponent isn't behaving the way you planned for, it can work against you.

奇时，情况并非如此。我或许比他犯了更多的错误，但我也肯定打出了比他更多的制胜球。我的移动步伐很好，拿下了很多关键分。

我没必要以自我否定的态度对待自己过去几年在澳网的表现，它们只是暂时让我失去了信心，我并没有真的被那些挫折打垮。对我来说，这只意味着一个老问题：我到底会不会成功？

输掉那么多重要而激烈的比赛后，我慢慢学会了面对这种失败。2011年的法网、温网和美网失利后，我都迅速调整，恢复了状态。我希望这次也一样。

澳网的观众对我很友好，这对我帮助很大。他们在2011年时不断地为我加油助威，当时我还以为自己身处温网，而不是墨尔本的澳网赛场。

我在墨尔本的报纸上曝光率并不算高。众人都对德约科维奇、纳达尔、休伊特或伯纳德·托米奇更感兴趣——这没什么，我并不十分喜欢站在聚光灯下。

2012年的澳网半决赛，我主动积极，拼尽全力。我告诉自己，我现在有着不一样的心态，已经不是过去的那个自己了。我为自己的战斗方式感到自豪。过去，我一旦表现不如意就会自怨自艾，但这次我感觉不一样了。世界第四离世界第一必然有所差距，但那天，我让这个差距消失了。每个人的成熟时间都不同，而我呢，就是现在了。

网球是一项个人运动。我也喜欢拳击，拳击手能在每一轮比赛后都与教练交流，整个团队会待在你身边，给你建议和策略。而网球，需要你独自打上5个小时比赛，需要更为坚强的意志。失败后，你只能自己坐在那里，脑子里各种想法激烈交锋，开始不停问自己问题，甚至自我怀疑——怀疑自己为网球所付出的一切，怀疑自己的比赛，怀疑自己的内心。

2012 年输给德约科维奇后，我接受了药检。伊万·伦德尔带领整个团队全程陪同。官方改变了药检规则，所以尿检后我需要坐上 30 分钟，然后提供血液样本。药检机构里有个休息室，整个团队都在那里陪伴我。

刚打完这样一场比赛，我的内心沉浸在一种强烈的孤独感里。然而，休息室里充满了如此之多的友善面孔，即使他们一言不发，我也能感受到他们对我毫无保留的支持。从那场马拉松式的鏖战中败下阵来，伦德尔与我感同身受。他们让我从消极想法中分心，并用微笑感染我，让我恢复精神。

伦德尔对这种微妙的情况处理得很好。我没能拿下大满贯冠军，他清楚这一点，而且明白这背后的含义。第二天，我和他、达尼坐在一起，他告诉我，我的决赛表现让他感到自豪，因为我已拼尽全力。然后他把我接下去应该做的事逐条列出。虽然都是小事，但每一件都能为我带来改变。就这么简单。

后来，在迪拜网球锦标赛上，我在半决赛中对阵德约科维奇时成功复仇，但在决赛输给了费德勒。再接下去是印第安维尔斯大师赛，那是长久以来我感觉最好的一次，在训练中我一个球都没漏。我告诉媒体自己感觉棒极了，然而却在随后对阵吉列尔莫·加西亚·洛佩兹的比赛中表现狼狈。我也不知道怎么回事。那之后，我又在迈阿密大师赛上一路高歌猛进，冲入决赛。但是，无论一名运动员在训练中表现得多完美，他的比赛状态总会有所起伏。

一场网球比赛，对运动员的技术要求十分精细，成绩也存在较大波动。也许风向突然变了，或者天气有些冷，一切都可能左右比赛结果，这很难解释。从训练表现来看，我怎么也想不到，自己会在印第安维尔斯大师赛中首轮出局，然后又在迈阿密大师赛决赛中以 1 比 6 和 6 比 7 输给德约科维奇。

我们决定在迈阿密进行红土场地的训练。不幸的是，我们之前常驻的网球俱乐部已经变成了一个停车场，所以我们一路北上，到达"博卡格罗夫"——一家梦幻般的俱乐部，进行为期三天的红土场地训练。

红土赛季是我和大部分网球选手最渴望的。有的人，如纳达尔，可以像切换开关一样，随意调整状态以适应不同场地；大卫·费雷尔也有这种能力，许多南美选手也能做到。但对我来说，我需要花大量时间练习，才能在红土赛场上发挥自如。我需要调整动作，尤其是步伐。毫无疑问，只有拥有强健的体魄，才能在如此激烈的比赛中坚持下去。力量素来是红土场的关键，缺乏力量的选手甚至无法将球打得高一些。我喜欢红土场，但也深知红土场的残酷。

整整一周，人们都在谈论蒙特卡洛的比赛场地：有时候球根本弹不起来，有时候选手会却因场地凹凸不平而脚底拌蒜。这些插曲会令比赛变得困难，但我们必须调整自己，适应这样的环境。在这样的场地上，想找到良好的状态和不错的比赛节奏并不那么容易。这对我很重要，因为我偏重于回球技术，而高质量的回球也是我在网坛取得一席之地的重要原因。

在整个职业生涯中，伦德尔在每种比赛场地上都能打出高水准比赛，所以我知道他一定能帮助我适应红土赛场——不仅是蒙特卡洛这第一项赛事，而是之后整整6个星期的红土赛季。虽然前两周效果不太理想，但之后明显好转。因为背伤，我被迫退出了马德里网球公开赛；在罗马网球公开赛上状态也不是很好，在当年新建的赛场上输给了理查德·加斯奎特。伦德尔无缘前往罗马，因为这座城市总让他出现过敏现象，2012年时，情况尤为严重。可怜的伦德尔着实受了一番苦。

我想，可能有相当一部分人已经忘了我曾打入2011年法网公开赛的半决赛,并和纳达尔苦战三盘,最终遗憾落败。我想,这会让别人认为,在大满贯赛事中,我的夺冠概率是最低的。这并非毫无道理。

但我的想法已经改变,我渴望在法网登顶。当时,我的比赛感觉非常好,一切事务都运转良好,我能感觉到自己强大的竞争力。但打完第一轮比赛,我的感觉又开始变得糟糕起来,我的背部出现痉挛,左腿无法承受太大力量。我和团队讨论了这个问题,并决定继续参赛,因为即使身体不在最佳状态,我面对第二轮对手——芬兰人亚尔科·涅米宁也有很大把握取胜。第一盘的苦战依然历历在目,我在发球时使不上力,背伤给我造成了很大困扰,我不得不中途接受了三次治疗。情况很不乐观,尤其是当你站在球场中央,面对众多不知该作何反应的观众时。

站在赛场上很容易让人产生孤独感。比赛开始前,我可以和团队一起讨论自己该怎么做。但在比赛当中,尤其是前两盘时,我甚至没往观众席上看一眼,也不知道他们是否对我说了些什么。我坐在场边,情绪低落,但最后我在第4盘结束了比赛。

Ahead of the 2012 Wimbledon final I was nervous. I needed to win this match. I needed to win a Slam. And I really thought I had a chance. I felt that I was ready.

面对挫败总是不易。2011年澳网决赛，德约科维奇的表现比我出色。那是德约科维奇值得纪念的一年。

Then would come one of the most physically gruelling matches I had ever played.

> **I know that I can go out early in a tournament like Queen's but then bounce back.**

　　我背部的痉挛是由旧伤引起的。我在赛场上克服了它,并最终赢得比赛。是的,我的团队在第一盘末尾建议我退赛,但我坚持了下来。这才有了后面的戏剧性逆转。

　　在那届法网,我直落三盘击败圣地亚哥·希拉尔多;然后回到中央球场对阵理查德·加斯奎特,比分和结果都与对阵涅米宁时一模一样。

　　那天在罗兰·加洛斯球场,法国观众对我的冷嘲热讽声犹在耳边,但那反而激起了我的斗志,尽管开局就和对阵涅米宁一样糟糕,但我顽强地取得了最后的胜利。这一次,背部痉挛没有再发作,我依旧在第4盘拿下了比赛胜利。

　　四分之一决赛的对手是西班牙人大卫·费雷尔,一名强劲的对手。我输了第一盘,但经过迅速的自我调整,我以7比6扳回了一盘。

　　不走运的是,此时突然天降大雨。比赛暂停了一段时间后,再次回到赛场的我以4比6、7比6、3比6和2比6的比分最终输掉了整场比赛。对我来说,比赛环境突然变化会极大地影响发挥。尤其现在很多场地都有可收缩的顶棚,从室外赛场突然变为室内赛场,这样的变化让我极不适应。但网球比赛没有时间限制这一点,也让比赛变得更加激动人心。足球比赛中,一支球队可能进3个球,然后就将领先优势保持到比赛结束,但在网球比赛中可没法这样做,你必须每一局都全力争胜。而比分的交替变化也极富戏剧性，很可能三四分钟前你还以大比分领先，但转眼你就面临着被淘汰的危险。

抛开背伤困扰不谈，我对自己对阵费雷尔时的表现依然极为失望。没想到的是，我在接下来的女王俱乐部网球锦标赛上遭遇了更大的挫折，败给了当时世界排名第65位的尼古拉斯·马胡特。

实际上，我明白自己可能会在诸如女王俱乐部网球锦标赛一类的赛事中提前出局，这并不影响我的状态快速反弹。比如，2012年，我在辛辛那提大师赛对阵非种子选手热雷米·夏尔迪的比赛中三盘败北，但接下来马上赢得了美网公开赛冠军。

人们或许会说，小型锦标赛上的表现不那么重要，但我不这么想。虽然输掉辛辛那提大师赛后，我依然有信心赢得美网冠军，但我对那些小型赛事冠军依旧充满渴望。夺冠的决心，就是对所有赛事最好的战前准备。

我为2012年的温网做足了准备。虽然输掉了辛辛那提大师赛，并打了一场表演赛，但我依旧感觉自己对比赛有着极强的掌控力。外界总是揪住我的背伤问题不放，仿佛不信问题有我说的那样严重。又一次的，我向几名媒体人士展示了背部因治疗而留下的8个针孔痕迹。

我的态度也成了外界关注的焦点，当时，我的某些言行举止或许有失妥当。任何运动员都有情绪失控的时候，只有那些最优秀的家伙才能迅速地作出调整。比如有一次，我看见德约科维奇在比赛中冲自己的亲友团大喊大叫，还将球拍摔在地上，看上去真的很生气。2011年温网决赛对阵纳达尔时，他差点在第三盘崩盘，但他很快调整了状态，并一举夺魁。

我还想起大卫·纳尔班迪安在2012年女王俱乐部网球锦标赛上被取消参赛资格的事情。他在比赛中发了脾气，朝着广告牌踹了一脚，结果广告

▶▶
大满贯赛事的举办场地是最适合网球飞舞的地方。图中的我正在2012年法网公开赛中,于中央球场和理查德·加斯奎特厮杀。我在第4盘拿下了那场比赛。

My mind was in turmoil and the words just came spilling out.
In sport, the interviews are usually so choreographed, but this was totally spontaneous.

牌碎裂，伤到了场边保安人员的腿。纳尔班迪安当即被逐出比赛。

当然，理想情况下，我希望自己在比赛中的每分每秒都保持专注，不出现任何负面情绪。过去6年，我一直都向着这一点努力。但我本就是一个情绪化的人。有时候，比赛局面不顺，我便会将情绪积压在心里，坐到场边休息时，就会有人过来问道："你怎么了安迪？你的比赛状态看起来不是很好，你没有表现出真正的自我。"我用尽各种方法让自己在赛场上保持积极，但那是在赛场上克服挫折感的持续过程。

事实上，2012年11月的一周，我故意给自己施加压力，让人们参观我的训练，这样我就能在心理上和身体上做好双重准备。我想这对双方都大有裨益：外界了解了我的训练方式，我也对外界多了几分理解。

有几次，我在场上尽情宣泄情绪，结果引起了人们的困惑。2012年温网，我在第一轮击败尼古莱·达维登科后，做出双手指天的庆祝动作。很多人都对此感到好奇。真正的原因是，当时我的亲友们正受困于一些问题，我不是一个狂热的宗教信徒，但身边的人遇到困难时，我总会给予更多关心。我并非单纯为他们祈祷，而是针对他们的具体问题进行祝祷。睡前或是醒后，我有时也会做这样的事。那一次，我知道他们正在看比赛，所以我想用自己的方式向他们表示关心。

第一轮比赛赢得很轻松，但接下来对阵伊沃·卡洛维奇的比赛却异常艰难。他是最令我紧张的几名对手之一。他调动现场观众情绪的能力十分出色，这让他的对手在比赛中很被动；他擅长发快速球，并于2012年打破了最快发球纪录。

观众总有自己支持的某位选手，但比赛断断续续，他们也难以全情投入，选手的压力便会随着比赛的进行而递增。即便这名选手自我感觉良好，卡洛维奇同样会干扰到他的心理状态,所以和卡洛维奇的比赛总是要竭力而为。

第一局比赛我就被意外破发,但我马上也用一个擦网好球破发成功,这让我放松了一些,并以7比5拿下第一盘比赛。虽然第二盘我以6比7告负,但我很快便以6比2和7比5连下两盘,取得了比赛胜利。

下一个对手马科斯·巴格达蒂斯也相当难缠。有趣的是,他当时的教练是迈尔斯·麦克拉根。迈尔斯知道我的弱点,所以对我来说最重要的是,别去猜测巴格达蒂斯会怎样对付我。拳击运动员弗洛伊德·梅威瑟说过:"比赛间隙时,你会觉得打倒对方似乎是一件轻而易举的事,因为你只要制定出击败对手的方法即可。但在比赛中,一旦对手没有按照你事先想象的套路出招,你就会自乱阵脚。"

当天的前两场比赛都进行了很长时间,所以我们的比赛一直到晚上8点才开始。我赢下了第一盘,然而由于我一直集中精力研究他的打法,巴格达蒂斯趁机拿下了第二盘,将比分扳平。随后赛场顶棚关闭,为比赛营造出周六晚大剧院的氛围。这样的氛围有助于我发挥,但看上去巴格达蒂斯也很喜欢——他是一位天生的表演者,也是一位不可思议的网球天才。

场地的草皮过于茂盛,我不得不停下来检查了地面三次——两次是因

I appreciate the support I get, I really do. It helps so much. that summer was the first time I felt like the crowd really, really wanted me to win.

为我口袋中为二发准备的网球掉了出来，导致我被警告并丢了一分。

第三盘比分咬得很紧，但我略胜一筹，以 7 比 5 获胜，随后我们又匆忙开始了第四盘比赛。在温布尔登，夜间 11 点后是要实行宵禁的，那盘比赛打到 4 比 1 并移交发球权时，我都没有时间坐下来休息。最后一局比赛由我发球，开始时间是晚上 11 点 01 分。这局比赛只持续了 2 分钟，我以 6 比 1 获胜。之后休赛，周一继续。

我回到床上，感觉很疲惫，但我的下一个对手马林·西里奇却更加筋疲力尽。他在第五盘比赛以 17 比 15 的超大比分击退了美国选手萨姆·奎里。即使周日休息一整天，他也很难在周一回到最佳状态。

我和西里奇的比赛在一号球场继续。并非我小题大做，但在一号球场打球的感觉和中央球场有所差别，所以我花了一点儿时间适应。我以 7 比 5 拿下第一盘，在第二盘以 3 比 1 领先，而后雨水便纷纷扬扬地洒落下来。比赛又将推迟一天，不过至少我们的比赛有所推进，其他选手则只能干坐着。

周二，我没费多少功夫就拿下了比赛。同时，我高兴地发现，我是所有选手中二发得分最多的人，而在这份榜单中排名第二的人便是我四分之一决赛的对手大卫·费雷尔，但这没什么问题。费雷尔是本届比赛最强的选手之一，而且他前不久才在法网公开赛的四分之一决赛中击败了我。我知道比赛将十分艰苦，但我很高兴自己又回到了中央球场。

▶▶

赢得一场温网比赛后的喜悦程度，取决于你为它付出了多少。图为我战胜特松加的瞬间。

前两盘比赛我都先丢发球局。第一盘,我在原本领先的情况下被拖入决胜局,并输掉了比赛。第二盘先是费雷尔的发球局,而我可不指望自己能在两盘落后的情况下再对这个强硬、冷酷的对手发起绝地反击。他在第二盘的决胜局前一度5比2领先,比赛形势对我极为不利。我不断地对自己说:"他会丢分的,他会丢分的。"结果他双发失误,我的机会来了。我记得自己以一个漂亮的正手击球扳回一局,接下来他的反手斜线球再度挂网。

而后,我以6比4拿下了激烈的第三盘。第四盘,我们打到5比5时,比赛因为下雨而暂停了一会儿;回到赛场后,我最终以7比4获胜。

赛后,我的压力已经无影无踪。我第四次打入了温网半决赛。

我的对手将是乔·维尔弗雷德·特松加,这又是一次严峻的挑战。特松加打出的每一个球都有着不同的套路,在打出一记ACE球后会发出怒吼;他会上网拦截,他有满场飞奔的体力,他的扣杀势大力沉,即使漏掉一球他也会微笑以对。然而,特松加可能前一秒看上去还有着无穷无尽的能量,下一秒就变得无精打采。人们说,我有时也是如此。晋级之路注定充满坎坷,面对一个让你喘不过气来的对手,该如何发起进攻呢?

但事实上,掌控比赛主动权的人却是我。我的发球相当有力,并以大比分2比0领先。但特松加强势回归,以6比3拿下第三盘。第四盘一开始我就找回了状态,破发成功,以3比1领先对手。这时候,天空忽然暗了下来。我不知道是否是天气的关系,我的注意力有所下降,比分从3比1变为4比4。

第九局比赛我破发成功,但接下来特松加用标志性的扣杀拿下一局。比分来到5比5。而后,我在15比40落后的情况下,以一个二发将比分扳为 30 比 40。下一球，特松加来到网前，他必然要使出一记势大力沉的正手扣杀，结果球却稍稍出界了几英寸。虽然我以 6 比 5 领先，但下一局比赛打到 15 比 30 的时候，我想大多数人还是认为比赛将被拖入决胜局。结果特松加一次贸然上网拦截挂网失误，我则在赛点打出一记漂亮的正手回球，球正好压住边线。特松加笑着挑战了鹰眼，但此时我们都知道比赛结束了。对我来说，这场比赛不仅是对身体的一次挑战，更是意志上的一次锤炼。

罗杰·费德勒在之前的半决赛中击败了德约科维奇，如果我想夺取温网冠军，就必须击败这位史上最伟大的草地选手。

我必须赢下决赛，我必须赢得一个大满贯。这一次，我真的认为机会来了。这次的感觉，与 2008 年美网第一次打进大满贯决赛时不一样，我的状态很好，非常稳定，我知道自己要做些什么。心理上，我已经做好了赢得冠军的准备。是的，我准备好了。

我的开局很顺，第一局比赛就破发成功。第一盘比赛打到 4 比 4，我有机会来到自己的发球胜盘局。当我发球时，紧张感完全消散了——我要赢下这一盘！最终，我发挥出了自己的最佳水平，以 6 比 4 拿下了第一盘。

第二盘，我对几个破发点记忆犹新。其中一个，我打出一记斜线穿越球，费德勒上网拦截，将球打至我身后。接下来的一球，我全力朝边线方向打出一记反手——换作以前，我可能会选择把球打向场地中间，但那一刻，我决定一击制胜。遗憾的是，击球出界，费德勒以 7 比 5 拿下第二盘。

第三盘，有几局比赛因为下雨而暂停，工作人员因此关闭了赛场顶棚。费德勒回到赛场后，变得更具侵略性。他把握住了绝佳时机，在无风情况下，

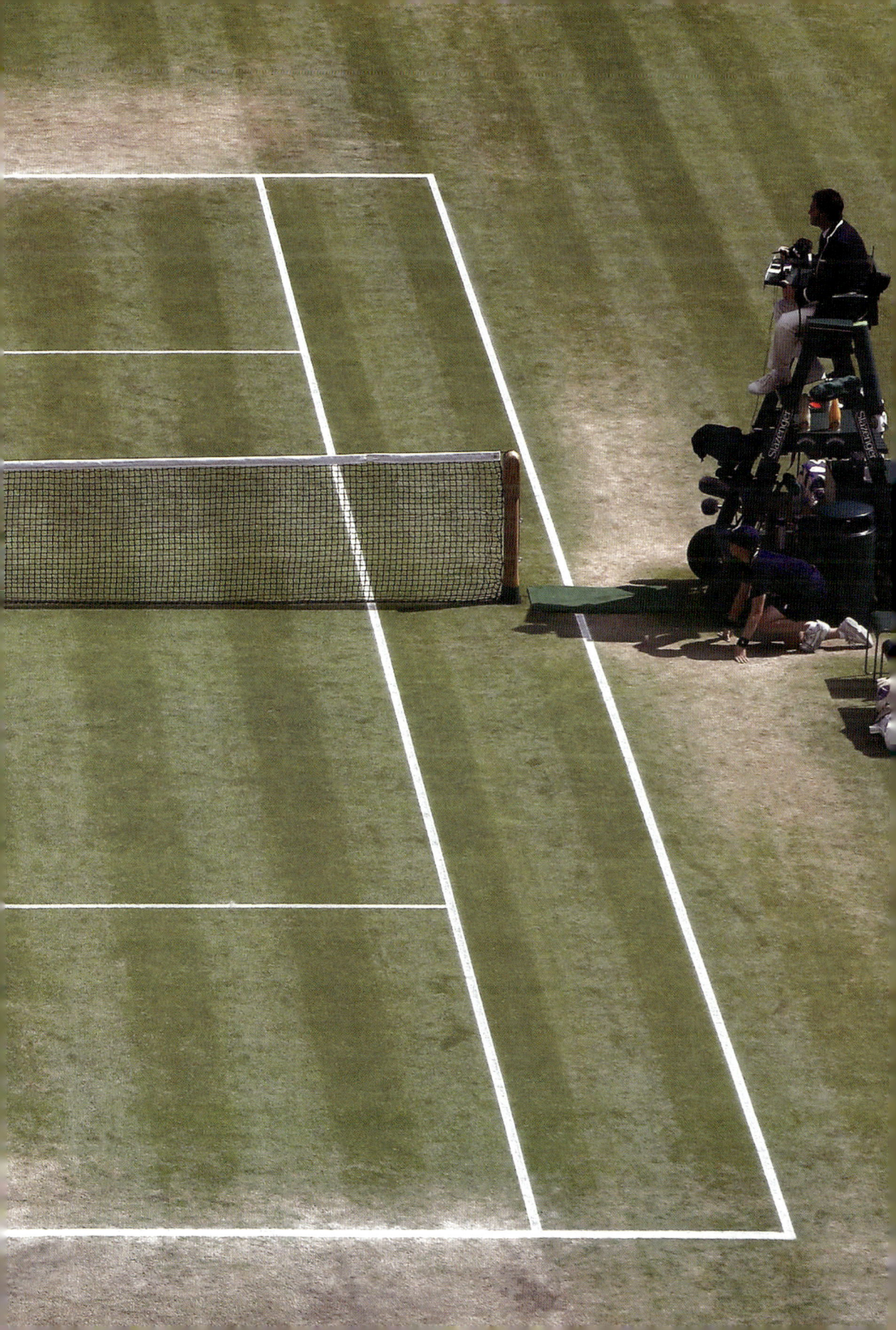

In the past maybe I didn't have everyone behind me, but that summer was the first time I really felt like the crowd were saying, "He is one of us".

他的击球令人叹为观止。我的发挥并不算糟糕，但他打得更加出色。

第四盘比赛打到3比3，我在这局以40比0领先。费德勒放了一个漂亮的小球，让我鞭长莫及。我流露出的刹那犹豫被费德勒发现了，他奋起直追，扳平比分并不断向我施压。我挽救了5个破发点，却没能救起第6个。随后，他以6比4拿下第四盘。

我见过许多运动员赛后在更衣室大哭，也听过许多运动员赛后崩溃的故事。通常情况下，你可以直接离开赛场，私下发泄这些情绪，而我却要在刚败给费德勒的情况下，立刻接受采访。这太难了。

当我开始说话时，看台上的声音突然变大了。我想，观众理解我当时的感受。我不得不停下，等他们安静下来。苏·巴克开始问问题，但我知道人们可能听不清，于是我从她手中接过麦克风，准备谈谈自己的感受。我没时间深思熟虑，也没有去担心自己要说的话是对是错。我的思绪有些紊乱，张口就说了起来。在体育界，很多访谈都是事先精心设计的，但这一次完全是我自主发言。

我很高兴，在那一刻，人们看见了真正的我。我感谢人们对我的支持，发自心底地感谢，这些支持对我来说意味着很多。过去，我没感觉到太多的支持，但那个夏天，我似乎听到人们在说："他是我们中的一员。"他们终于理解我了，并真心希望我赢得胜利，他们清楚这意味着什么。

接下来，我为自己的失礼向费德勒道歉。费德勒叫我不要在意，因为他知道，那说明我有多在乎这场比赛。他是一名伟大的冠军。我为自己一路取得的成绩感到自豪，于是我离开了。虽然痛失冠军令我懊恼，但我没有陷入"当时要是那么打就好了"的自怨自艾中。我的每一拍都倾尽全力，然而在面对费德勒时，仅仅倾尽全力是不够的。

在更衣室里，伊万·伦德尔告诉我，他为我感到骄傲，下一次，我一定会表现得更好。即便我对此深信不疑，那依然是我生命中最悲伤的时刻之一。

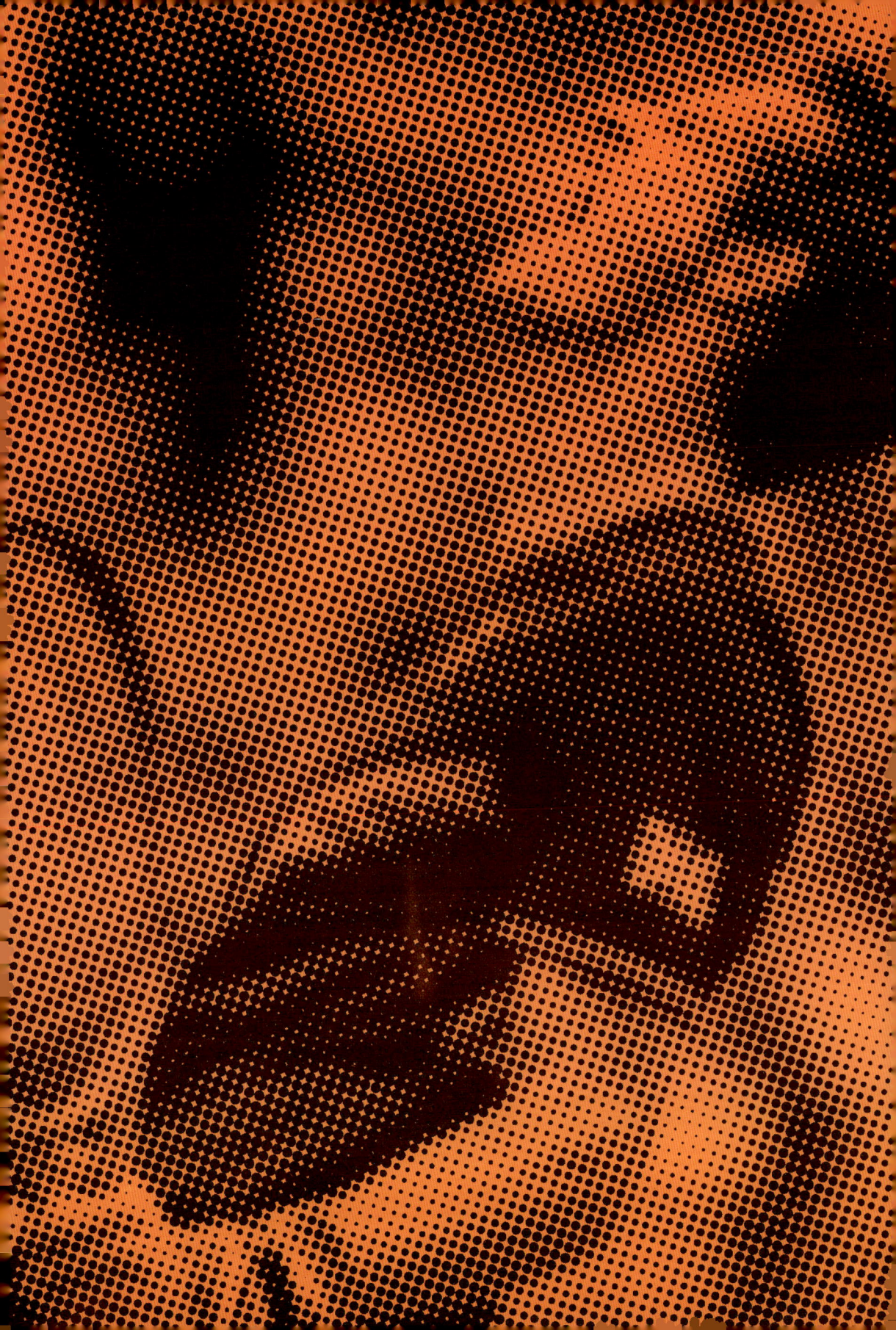

第 3 章

几天后，我打起精神，应邀与女友金一同参加了电视节目《一周讽刺秀》（Mock The Week）。多年来，我一直是这个节目的粉丝。主持人常拿我开玩笑，但我很喜欢。人们都知道丢掉温网冠军令我很不好受，所以参加一次这样的真人秀也无妨。节目组对我很好，避免给我太大压力。事实上，拿下2013年温网冠军后，我再度收到节目组的邀请。他们开玩笑说，2012年我参加完节目后，所有新闻标题都变成了《伊万·伦德尔怎能将所有荣誉都据为己有？》。

我第一次参加温网锦标赛时，情况有所不同。那时我还很年轻，但已经有了自己的思想，总是想到什么就说什么，不会去考虑言语是否恰当。厄内斯特·古尔比斯现在就是这么做的，但他说"顶级网球选手是笨蛋"这样的话未必发自真心。我认为他只是想上新闻头条罢了。我18岁时，只知道别人问什么我就答什么，不会考虑太多；现在如果一个陌生人上来问我问题，我肯定会有所保留。真实坦诚并不意味着毫无保留，我只要抓住问题的重点，其他的便顺其自然吧。

>>

不少温网球衣都是主流的灰白色，但我对身上这套蓝色的英国队服非常满意。

我很在意别人对我的看法和第一印象。我接受着公众对我品头论足，也希望别人了解真正的我。或许他们在看了我一场节目、一场比赛，或恰好听到我小心翼翼地接受某次采访后，会觉得我是一个无聊沉闷的人。但事实并非如此。如果他们在采访前或采访后的5分钟，看到和朋友在一起的我，就会知道原来我和他们想的不同。

在快20岁的那年，我失去了对媒体的信任。那时的我常接受采访，却总是受到不公平待遇。慢慢地，我不再那么口无遮拦，也开始懂得掩饰自己的情绪。有时候，我干脆拒人千里之外。

作为一名敏感、以自我为中心的青少年，我经常因为自己的言行、服装被媒体搞得焦头烂额。我讨厌这些，只想好好打网球。

一直到网球记者们开始真正了解我，我才对他们的工作和人格有了更多的正面印象。我们现在相互体谅、相互尊重，我已经不记得上次和他们闹不愉快是什么时候了，我也明白他们每个人都希望我在职业生涯中越走越好。但也有反例，一旦我在赛场上表现失常，他们就会在场下问我许多负面问题，我可不喜欢。

我还是个孩子的时候，教练经常告诉我，我在哪些方面还可以提升。他总是对我说："别担心，你做得很好。"妈妈也告诉我："没关系，去享受比赛吧。"但转为职业运动员后，一切都变了。打球不再只是为了乐趣，而是为了赢。

我的好胜心非常强。15岁那年，我输掉ATP希望赛后，便陷入了深深的失望之中。不同的是，那时我能打电话给妈妈，或者找教练谈心，他们会宽慰我，这没什么大不了。他们总是希望我好。但成为职业球员就是另一回事了。比完结束后我第一个见到的总是媒体，而他们只关心比赛结果，他们必须针对比赛本身提问或写文章，这是他们的工作。

• • •

2012年温网决赛后，我希望那些原本不怎么喜欢我的人能有所改观，或至少认可我对网球的态度。我真的很想表现得更好，也真的很想赢。不仅是为自己，我深知温网冠军对整个英国来说有多重要。

我不认为从此以后自己要低着头走路。在赛场上哭过一场后，我感觉好多了。我只想去做点自己应该做的事，比如参加《一周讽刺秀》（Mock The Week）。当我走进演播室时，观众们都起立为我鼓掌，这在以前很少发生。那场比赛在很大程度上改变了我的生活。

由于紧接着温网比赛的就是奥运会，所以我很快从输给费德勒的阴影中走了出来。这很不容易。当时我难过极了，回家路上也止不住泪水，在家中才缓过劲来。

我从来没有如此在意过一场比赛。以前我也会沮丧、会失望，但我知道胜败乃兵家常事，我的职业生涯中早已历经各种

When you become a professional. It isn't about enjoying yourself any more, it's about winning.

磨难与挫折。或许输掉一场比赛后，我会私下难过，但不至于如此失控。我一度以为自己会永远这样哭下去。

金始终陪伴我左右。她对我的失利也深感沮丧，但和往常一样，相比胜负，她更希望我开心。我对失败的反应和以往完全不同，而她则默默地承受着这些。

我牵着狗在院子里散步，但没有丝毫轻松和安慰的感觉。当晚我也彻夜难眠。

输掉决赛让我非常痛苦，但我也收获了不少心得。以前输掉大满贯时，我自怨自艾，总觉得自己还可以打得更好；但这一次，我没有留下遗憾，我已经发挥出了自己的最佳水准，只是还不够好罢了。

伦德尔对我在温网的表现感到骄傲，尤其是我处理比赛相关事务的能力。他曾亲自体会过大赛的压力，但他从未经历过和我一样的事。每当他出去吃晚饭，人们就会一拥而上围着他，问接下去会发生什么，穆雷能不能拿下比赛，是不是对这份工作感到厌倦了……伦德尔说，他实在无法想象我所遭遇的情况。

很快，我就将失望的情绪抛诸脑后，不再想温网的事，而将注意力放到了奥运会上。赛前训练开始了，那是我有生以来最成功的一次备战。

◀◀ 我和劳拉·罗布森共同度过了一段愉快的时光。图中，我们正在庆祝赢得了对阵澳大利亚选手莱顿·休伊特和萨曼莎·斯托瑟的比赛。接下来，如果我们能够赢得决赛的话……

Athletes performed better than anyone was expecting and I put that down to the positive momentum all around. I'd never experienced anything like it.

奥运会对我非常有吸引力，因为我很喜欢作为团队的一员参赛。从 12 岁起，我参加过各个年龄段的英国网球协会夏季或冬季杯赛，参加过无数次戴维斯杯，而我深深明白，奥运会是一生只有一次的经历。作为一名 20 岁出头，正在当打之年的顶级网球选手，我对奥运会念念不忘。我的哥哥杰米·穆雷、我从 10 岁就认识的好友柯林·弗莱明和罗斯·哈钦斯也会与我一起出征奥运会，这真是一次梦幻般的经历。我会和杰米一起参加男子双打，和劳拉·罗布森参加混双。

奥运会是否应该加入网球项目一直存有争议。对我来说，最重要的是有多少高水平的运动员来参加这项赛事，当许多顶级运动员都缺席奥运会时，我能理解公众对奥运网球项目的质疑。但 2008 年北京奥运会上，费德勒与斯坦·瓦林卡合作拿下一枚网球双打金牌后的激动表现，充分证明了这枚奥运奖牌的含金量。他可是取得过无数荣誉的伟大运动员。如果我们缺席了戴维斯杯，就会受到舆论的批评，所以我们不得不为这项赛事调整自己的日程安排。但奥运会是一项无与伦比的团体赛事，整整 4 年才能等到一周的比赛，而运动员的巅峰期，又经得起几个 4 年的等候？这就是为什么我刚在温网失意而归，就能如此迅速地调整状态。

2008 年北京奥运会的经历，加强了我对这项赛事的预感。既然要打，我就要打到最好。北京奥运会是我作为运动员最棒的经历之一：在开幕式上和许多才华横溢的伟大运动员交流，我爱奥运会。但很快我就在第一轮比赛中输给了中华台北选手卢彦勋。

输掉温网的那天晚上，我称了一下自己的体重。我发现，比起一周前离开辛辛那提时，自己竟轻了整整5公斤！我已经处于脱水状态。对于即将参加奥运会的兴奋感，并不是职业的表现。一旦奥运会开始，我必须拿出另一种态度来，绝不能在北京重演失利。当时，我只顾着享受奥运经历，而忘了自己是在为国家荣誉而战。

参加北京奥运会的开幕式，就像外界说的那样：和这么多人说话，太享受那个过程，让我太过放松，耗尽了精力。虽然这本就是奥运会常有的状况，但在比赛中过早出局确实令人失望。我本有机会为国争光，可事情就那样搞砸了。

我很乐意参加2012年伦敦奥运会的开幕式，它是这个世界上最令人震撼的盛会之一，但从职业角度考虑，这并不明智。我不想再犯同样的错误。

然而，作为极少数幸运者之一，我被选为英国旗手之一。这是一项极大的荣誉。好吧，那我就举着国旗在全英俱乐部里跑一圈好了。当时来了许多嘉宾，我记得德约科维奇和托马斯·贝尔迪赫都特意缩减训练，专程前来观看这项仪式。

我很享受代表不列颠，喜欢奥运会让我有机会来展示这一切。我想参加网球单打、双打和混双，我想做一切能做的事，享受作为英国一员的感觉。

我的第一场比赛是对阵瑞士选手斯坦尼斯拉斯·瓦林卡，那是一场艰苦的比赛。我和他在之前的训练中交手过太多次，而且……我每次都能打得他满地找牙！那10天里，我赢下了全部训练赛，感觉好极了。

当我在国外征战时——比如美网，我并没有强烈感觉自己正代表着一

▲ 北京奥运会的开幕式。虽然我很享受那场盛典,但回顾当时,它让我消耗了太多精力。

I would have loved to stay in Britain to enjoy the atmosphere for longer. I wanted to enjoy the moment. But that same day I had to leave for Montreal.

个国家。温网比赛当然会有这种感觉，但随之而来的是无穷的压力。奥运会同时进行着许多项目，网球只是其中之一，这能让我更好地比赛：我的动力并没有丝毫减少，但压力却小了许多。

当我没有比赛时，我便尽可能多地观看其他项目的比赛。我希望和他们共同庆祝。当我在温网中出局时，英国球迷通常就没人可支持了。但如果我在奥运会里出局了，我们还有布拉德利·威金斯、莫·法拉、杰西卡·恩尼斯和克里斯·霍伊。即使我输掉比赛，人们也不会给予太多关注，毕竟奥运会还有众多值得关注的精彩赛事。

奥运会网球男单决赛前一晚，我见证了恩尼斯、法拉和格雷格·拉瑟弗德在奥运场馆中夺得金牌的历史性时刻。现场气氛令人惊讶，欢呼声震耳欲聋。整个国家都沉浸在欢乐中，从观众到媒体，每个人都欢欣鼓舞，脸上洋溢着喜悦。

奥运会正赛前，街头巷尾谈论的都是糟糕的交通、潜在的恐怖袭击和售票问题。人们觉得伦敦奥运会的开幕式不如北京奥运会，但它依然非常壮观。

过了几天，英国的舆论又变成了"我们还没赢一枚金牌"，一切又变成了负面的。而随着第一枚金牌的到来，第二枚、第三枚也会随之而来，而且越来越多，风向又会开始改变。没什么好抱怨的了，整个国家都被一阵又一阵的狂欢浪潮席卷着。运动员们的表现超乎所有人预期，职业生涯最佳表现、金牌、银牌，各种荣誉接踵而至，我从中汲取着积极的能量。作为一名独立体育人，我从来没有过这样的经历。

我的前四轮比赛都进行得非常顺利，只在对阵马科斯·巴格达蒂斯时输了一盘。他对我发起了强有力的挑战。接下来，我在一号球场击败了西班牙选手尼古拉斯·阿尔马格罗，剑桥公爵（2011年4月29日英国女王伊丽莎白二世授予威廉王子剑桥公爵爵位。——译者注）和公爵夫人现场观看了那场比赛。在接下来的半决赛中，我将再次对阵德约科维奇。比赛前一天晚上，我和伦德尔进行了交谈。他给我的指示和平时一样：全力以赴，按自己的方式打，不要在底线附近被德约科维奇玩得团团转。

我很好地执行了比赛计划，打出了当年的最好水平。在风速影响下，我发挥极佳。第一盘有好几分鏖战良久，第二盘德约科维奇也拿到很多破发点，但我的发球质量很高，关键时刻顽抗到底，并笑到了最后。

现场气氛难以置信，我从未体验过这种感觉。我常说美国公开赛决赛那晚的气氛是有史以来最好的，但跟这场比赛相比，它又变得不值一提了。

我像往常那样庆祝胜利，然后坐回椅子上。突然间，我仿佛触电般跳了起来——我意识到自己至少能拿一枚奥运奖牌了。

我将在决赛中与罗杰·费德勒争夺奥运金牌。这本是一场复仇之战，但过去的经历告诉我，带着复仇心理参加比赛一点儿好处也没有。我经常告诉自己专注于眼下比赛，不要想过去发生的事。已经过去的比赛，我没法回去再打一次。

但值得我庆幸的是，费德勒也从没打过奥运会网球男单决赛。不像其他赛事，无论哪次我和费德勒对阵，他的参赛经验都比我丰富得多。费德勒参加过那么多网球比赛，现在让他打一场自己从未打过的比赛，还真是新鲜事。我希望这能让我们的心理状态处在同一起跑线上。

当然，我必须发挥出最高水准才有机会赢得比赛。半决赛已堪称伟大，所以我希望决赛也是无与伦比的经典一役。我愿为此竭尽全力。

另一场半决赛中，费德勒以3比6,7比6和19比17战胜了胡安·马丁·德尔·波特罗，耗时4小时26分。这是奥运会历史上最长的一场网球比赛，也是中央球场有史以来上演的最精彩的一场比赛。场面相当壮观，有好几分两人斗得昏天黑地，难解难分。波特罗最后像巨人一样倒下了，费德勒对这场来之不易的胜利感到非常激动。或许，像我一样，他如此激动的部分原因是这场胜利保证他至少能拿到一枚奥运奖牌吧。毕竟能打进半决赛的选手都不是泛泛之辈，谁都可能出局。尽管我对金牌十分渴望，但拿一枚奖牌也算聊以安慰。如果我输掉半决赛，那就得为一枚铜牌和波特罗争个你死我活了，那可不是什么轻松事。德约科维奇后来就颗粒无收地结束了自己的奥运之旅。一个月前我刚输掉温网奖杯，如果这次再拿不到一块奖牌，那将是对我的一次巨大打击。

If I won the mixed doubles at the US Open, no one would be that fussed. To me this was a really big deal, and the same went for Laura.

劳拉·罗布森和我在混双比赛中发挥得很好。在男单决赛前，我们要打两场比赛，在八分之一决赛击退了澳网大满贯冠军组合莱顿·休伊特和萨曼莎·斯托瑟，然后在四分之一决赛战胜了德国组合克里斯托弗·卡斯和萨比娜·利斯基。我很高兴自己能忙点别的事情，而不是满脑子想着即将到来的男单决赛，而如果能顺手拿下另一枚奖牌就更是锦上添花了。

决赛中，我们要对阵的是白俄罗斯组合马克斯·米内尔和维克多利亚·阿扎伦卡。如果奥运男子单打比赛都是五局三胜制，那我就没有精力参加全部三个网球项目，但它除了决赛都是三局两胜制，所以我想尽可能多地拿奖牌。如果我在美网公开赛上拿下混双冠军，这场比赛恐怕就没那么容易让人患得患失。这是一场重要的比赛，对劳拉也一样。

决赛那天的比赛氛围陡然令人喘不过气来。成千上万的观众穿着不列颠国旗颜色的衣服，每个人手里都举着一面国旗。这一定让费德勒感到震惊，因为现场观众全都一边倒站在我这边。费德勒在这座球场打过很多次球，英国人对他很有感情。温网决赛时，我们的支持率对半开；但奥运会决赛，现场观众对我的支持是空前的。当所有观众都站在你身后，情况将大有不同。你会感觉浑身充满力量，对手则会感到恐惧。当一切准备就绪，选手就能一鼓作气拿下比赛。这次，我丝毫没有松懈。

在比赛的过程中，毫无疑问，我打出了到那个时候为止最好的一场比赛。或许罗杰·费德勒没有发挥出他的巅峰水准，但观众对我的支持和英国选手在其他比赛中的良好发挥带给了我无穷的力量。整场比赛都在我的掌握之中。

我以三个高水平发球拿下了决赛的最后三分。每一分，费德勒都只能接上一两拍。我在为自己职业生涯中最大的新闻头条发球——它们就和以往一样出色。

在赢得这样一场特殊的比赛后，我总想和一些特别的人待在一起。大多数人不知道我在温网决赛后承受着怎样的压力，但金、爸爸、妈妈最了解我的感受。失去温网冠军，我开始自我怀疑，或许他们也动摇过对我的信心，所以在拿到奥运冠军后，和他们在一起待上一会儿是非常美妙的事。他们知道这场胜利背后藏着多少汗水，他们知道在这之前我品尝过多少次失败的苦涩。赢得2012年奥运会网球男单金牌，是我那一年里最自豪的时刻。

从一生中最痛苦的时刻，到一生中最幸福的时刻，中间只隔了4个星期。这两个时刻都和费德勒有关，是他让这两个时刻变得如此特殊，因为他很可能是史上最出色的网球运动员。

我在奥运会决赛前的紧张，是在温网决赛前没有感受过的。在走进中央球场前，我或许感觉到必须表现出最好的自己，每个人的目光都集中在我身上，我有点难为情。他们不是特意赶来看我出丑，可一旦我出了差池，肯定会有人揪住不放，到时舆论界又谣言四起，我根本无力应对。温网之后，人们渐渐接受了我的缺点。我的确有很多缺点。人们开始关注我究竟是个什么样的人，我如何表现自己，而不是从我应该做或不应该做的事情上对我下判断。

当我站上领奖台准备领奖时，我正好面对着观众席，我的团队就在那里。他们微笑着，骄傲之情溢于言表。这感觉好极了。是的，我很自豪，而当我看到每个人的笑脸，听到大家齐声高唱国歌时，我真切地感受到了一种归属感。在英国，或许我们平常不太表现出这种团结精神，以至于我们都忘记了大家能够为了同一个理由而并肩站在一起。在开幕式上，我看到苏格兰自行车选手克里斯·霍伊爵士举着国旗，一路上眼中含着泪水。那一刻，我意识到这种事情永远不可能出现在其他任何赛事中。伦敦奥运会真的很特别。

我有一张那天晚上男子 100 米决赛的门票，但最后因为要打混双决赛而错过了飞人大战。劳拉和我付出了最大努力，为又一个冠军拼到了残酷的抢七局。但这一次，马克斯·米内尔和维克多利亚·阿扎伦卡发挥得更好，我们最终只收获了一枚银牌。

我只能通过电视观看尤塞恩·博尔特夺冠的英姿，然后前往奥运村应付新闻媒体。结束采访时，已是凌晨三点。

即使经历如此忙碌而疲惫的一天，我依旧要在第二天早晨六点半起床，接受更多媒体的采访。需要提醒的是，赢得比赛后的媒体采访要比输掉时容易得多。

我有一种想四处展示奥运金牌的冲动。第二天，我来到国家网球中心，在场所有人都想摸摸那块金牌。在这方面我并不吝啬，因为我觉得，我是为了每个人去赢得它。我为自己感到骄傲，当然，为了不让自己显得很蠢，我还补充了一句"我为自己的祖国感到骄傲，我们都棒极了"。

在职业生涯经历了那么多失望后，我想留在英国多享受一会儿那种喜悦的氛围。但网球就是这样，当天我就要离开那里，前往蒙特利尔。

加拿大是一个很棒的国家，但由于他们的电视台只关注本国运动员，我感到有些失落。我在电视上看不到英国运动员的比赛了，那原本是我一整周打算关注的事，我想和整个国家站在一起。由于自己的职业限制，我永远没机会坐着敞篷车四处环游庆祝，也没能出席闭幕式。我离闭幕式最近的一件事是我打电话给克里斯·霍伊,告诉他,我多想和他们在一起。他对我说,那里的一切都美妙至极,世界上不会有比这更好的闭幕式了。谁知道他是不是在吹牛?

第 4 章

奥运决赛两天后，我前往加拿大参赛。但我受伤了，身体感觉僵硬、疼痛，没法坚持参加所有赛事。最后，在多伦多赢得一场比赛后，我不得不因背伤退赛，接下来又在辛辛那提大师赛败给了热雷米·夏尔迪。那两项背靠背的大师赛中，我都没有处在自己的最佳状态。团队中有人问这到底是怎么了，是不是要回到迈阿密花几天时间做恢复性训练。但我最后告诉他们："不，我很好，相信我。当美国公开赛到来时，我一定会拿出全然不同的表现。"我只想让他们知道，我必须去纽约，一切都没问题。

到达纽约后，我一个人静静地待了两天，谁也没见。整整48个小时，我迷失在这座繁华的都市里。我前往昂贵的全食食品超市挑选晚餐食材，这已成为我在美国的一个小爱好，另外我还喜欢绕着中央公园独自散步。这个小小的假期还让我有机会在电视上观看几场英超比赛。新的赛季，美妙的足球也开始了新的旅程。这是我多年来第一次能够独自享

◂◂ 在美网对阵托马斯·贝鲁奇的疯狂半决赛中，在一阵激烈的厮杀后，我的帽子被风吹落，我下意识地咒骂了一句。主裁帕斯卡·马利亚立刻进行劝阻。

受一段美好时光。我难得有几日不被任何人打搅的假期。平时，我总被各种各样的人围绕着：我的团队、媒体、赛事员工或我的家人，很少能像一个普通游客那样四处闲逛，所以我特别珍惜这次属于我的独处时光。

但到周二，我们又聚集起来，开始真正的备战。

美网公开赛对我有一种特别的吸引力。当我还是一名青少年选手时，我就开始参加这项赛事。我对14岁那年熬夜好几个小时看安德烈·阿加西和皮特·桑普拉斯的美网四分之一决赛记忆犹新。那场精彩绝伦的比赛中，桑普拉斯以6比7，7比6，7比6和7比6获胜。阿瑟·阿什体育场的聚光灯下，两位伟大球员迸发出的巨大能量犹如魔法一般绚丽，那正是我心之所向。3年后，我站在这块场地上，击败了乌克兰选手谢尔盖·斯坦高夫斯基，夺得少年组冠军；而到2013年温网，我夺得冠军时，他则在第二轮击败了费德勒，所以你或许能说我们有些不解之缘。

我跟随别人到过那座体育场的顶层俯瞰整个球场，那是全世界观看网球比赛的最好视角之一。美网公开赛与众不同的一点是，青少年选手和成年选手能够混在一起，所以当我还是青少年时，出来闲逛经常可以碰见明星选手。青少年选手被赛事举办方照顾得很好，我们被安排在一家很棒的酒店里。我当时被介绍给了自己的偶像——阿根廷选手奎勒莫·科里亚，并在半决赛前观看了蒂姆·亨曼和罗杰·费德勒用自动发球机训练的过程。坐在观众席观看美网比赛，是一种非常特别的经历。作为一个孩子，参加法网公开赛时我有点心不在焉，温网比赛青少年选手又只能在罗汉普顿学院活动。结果就是，那些比赛中，青少年选手很难切身感受大赛氛围。但美网不同，我感觉自己像一个成年选手，观看比赛时感觉就像自己赢了一样。这给了我继续前进的强大动力。

美网的两个主要场馆是阿瑟·阿什球场和路易斯·阿姆斯特朗球场。我特别喜欢前者，后一个却怎么也喜欢不起来。每次在路易斯·阿姆斯特朗比赛，我都感到异常艰难。2012年的美网便是典型例子。前两轮，我在阿什球场强势击败了阿列克斯·博戈莫洛夫和伊万·多迪格，然后来到阿姆斯特朗球场对阵西班牙选手菲里西亚诺·洛佩兹，却差点阴沟翻船，怎么也找不到比赛的感觉。

宽阔的赛场上难免有风吹过，在阿什体育场，微风从总统包厢方向徐徐而来，我能利用风势进行比赛；但在阿姆斯特朗球场，风四面乱吹，毫无固定方向，只会让你在风中凌乱。如果是晴天，你在阿姆斯特朗球场也会被晒得晕头转向，根本没法好好打球。阿瑟·阿什球场的正面看台能为球场阻挡风势，并在晴天为选手提供更多阴凉的庇护；阿姆斯特朗球场则为比赛选手提供全天"烘烤"服务。

我在那儿很难找到比赛的感觉，与洛佩兹的比赛也打得十分艰苦。他的团队中有我的前教练克雷特加。赛后我对克雷特

Maybe it was one of those classics from the sidelines, but to actually play in it was trying because the wind made it harder to execute the shots we wanted to.

Before the US Open final was the worst I've ever felt. A lot of people said that winning the Olympics would mean the pressure was off, but they had no idea.

我努力接住德约科维奇发球的瞬间。我们总是提升着彼此各方面的竞赛水准，而这些年，德约科维奇的发球变得越发出神入化。

温网荣耀 | 穆雷自传

加说，洛佩兹真是一个难缠的选手，发球很棒，给我带来不少麻烦。所以那场比赛是对我身体状态的一次挑战，但我依然找到了在那种情况下赢得比赛的方法。虽始终未能调整好状态，但我挺过来了。我每年都要打很多这种高水平比赛，所以竞技状态一直维持在较高水准。尽管如此，在大满贯比赛中，这种情况还是越少越好。

现在我学会了如何在高压状态下进行比赛。我会揣摩对手的感觉，这是我比赛能力的一个提升。第四轮，我和加拿大新星、重炮手米洛斯·拉奥尼奇进行了一场漂亮的比赛。我很享受在阿什球场举行的晚间比赛，球场条件通常在晚上更为有利，而那晚更是难得。一开始我就能很出色地判断他的发球，他的任何动作我都能轻松反击。虽然他是一位重炮好手，但我的发挥相当出色。通常这类选手发球时，你的回球要稍微浅一些，这样才有利于防守他的下一拍。你必须打出很多高质量穿越球，这会极大地消耗你的体能。但那天晚上，我的击球快速而精准。四分之一决赛，我又回到阿姆斯特朗球场对阵克罗地亚选手马林·西里奇。那场比赛的压力从开局便瞬间剧增，西里奇拿下了第一盘，并在第二盘一度5比1领先。

第二盘，我第一次成功破发后，我们都感觉到接下来这个回合有多重要。他开始紧张了，从那时起，我任由自己的本能接管比赛，用之前没用过的方式击球，奋起反击，在艰难的情况下一点儿一点儿将比赛形势扭转了过来。

决赛后我想感谢所有人，但由于电视需要，我只能回答CBS电视台玛丽·卡里略的3个问题。

▲ 比赛结束后的第二天早晨,我仅睡了几个小时,就出现在纽约 CBS 电视台的早间栏目直播室。我看上去还不错!

如果不是他自乱阵脚，或许我根本没有机会拿下比赛，实际上，我当时也紧张极了。如果你感觉到对手动作拘束起来，认为自己的机会来了，那么心理压力自然会变大。通常情况下，落后的一方不会主动加快比赛节奏，他们有的是时间，所以我强势、快速的反击让西里奇猝不及防，他开始犯错。我并没有一味地扣杀制胜，而是一点儿一点儿让胜利天平倒向我这边。他的错误越来越多，比赛就这样走向了终点。

　　半决赛回到阿什球场，我的对手是捷克选手托马斯·贝尔迪赫。那场比赛打得相当怪异，赛场上刮着大风，十分不利于发挥。这样的比赛中，胜利属于击球更正确的一方。我们要想办法用最准确的击球和最聪明的打法调动对手满场奔跑。那场比赛，我的打法更为多样化，所以我更好地利用了环境，而贝尔迪赫则遇到了不小的麻烦。多亏了那场大风，比赛打得很是喜剧，我们的得分方式几乎让我笑出声来。但这是美网半决赛，不容有失！

　　比赛中，我打出了一记在到达贝尔迪赫跟前就已弹地两次的 ACE 球，这在以往从未发生过。由于风势过大，只要我想就能轻易打出回旋球，球在对手那边触地后会反弹至我这边的场地。之前，我只在拉斯维加斯的热身赛上，于相似的环境下打出过这种球，但这还是第一次出现在我参加的正式比赛中。

　　由于现场的混乱，我输掉了第一盘。之后，我感觉自己像是例行公事般，轻松地拿下了第二盘和第三盘——第三盘还成功破发两次。又轮到贝尔迪赫的发球局，他增加了自己的上网频率，并提高了截击质量。比赛势头开始发生变化，前三盘我以 5 比 7，6 比 2 和 6 比 1 领先，第四盘他在 5 比 1 的情况下拿到多个破发点。而后，我又开始反击，并成功地将该盘拖进抢七局。

抢七局，我又一度 2 比 5 落后，这时我意识到自己绝不能从一个相当有利的局面被拖进第五盘比赛。我掌控着比赛的大好势头，却可能因为自己的糟糕表现和对手的稳定发挥而搞砸。比赛环境有些可笑，但这不是借口，因为我们都面临着同样的条件。这真的很难，但我反攻成功并取得了胜利。我很享受在恶劣环境下逆转取胜的感觉。

我的赛后新闻发布会发生了超现实主义的转变。我知道肖恩·康纳利爵士和亚历克斯·弗格森爵士亲临现场观看了比赛，但我没想到他们会突然同时来看我。赛前，我在电话里和康纳利爵士通过话，但我从未和弗格森爵士打过交道，我有点措手不及。坦白说，当时我不知道应该对他们两位说点什么。他们在各自领域中都是极为"恐怖"的存在。我在电视上见过弗格森爵士多次，不是

难得在纽约享受几日清静。我带着奖杯，独自占领了整个中央公园。

I thought it would be a big thing to serve for a Grand Slam, but when it came to it I didn't feel that nervous. I was feeding off all that energy in the crowd.

在教练席就是在新闻发布会，看上去他是一个非常强势的人。尤其当他在进行自己的工作时，如果你不小心说错话，他一定会把你的脑袋拧下来。

但他却满脸笑容地出现在了我的新闻发布会上，他看上去很放松，我猜他喝了点酒。我们的见面很愉快。出于敬畏，我没有说太多话。他在曼联队取得的成功很可能在人类历史上都不会出现第二次。他取得的成就、赢得的奖杯和建立的威望，值得人们抱以极大的尊敬。整个职业生涯里，我都对弗格森爵士的成就感到钦佩。他几乎成了曼联的象征，能和他见面并聊上一会儿是我的荣耀。那次之后我才知道，他不仅是个了不起的人，而且谈吐十分风趣。我当时不知道的是，弗格森爵士已经接受我妈妈的邀请，将和我的亲友团坐在一起观看决赛。他的加入对我来说是极大的鼓舞，如果我能以平常心对待这件事，我一定会取得一个飞跃性的成绩，但那时候的我，必须首先保证自己不会因为这件事而过于紧张。我很努力地保持了对比赛的专注，任何事都不能令我分心。尽管如此，我的赛前感觉依旧是有史以来最糟糕的一次。完成赛前训练后，我回到更衣室吃点东西。我的随员去取食物的间隙，我独自待了20分钟，紧张、焦虑感丛生，令我几欲呕吐。人们都说，拿到奥运金牌，意味着我卸掉了巨大的压力，但那只是他们的想当然罢了。我就坐在那里，感觉很不舒服。于是我站起身，四处活动一下，让自己想点别的事情。这时候，我的同伴们就发挥重要作用了。

他们通常会和我聊聊天，让我不要老想着比赛，我越是想到这场比赛的重要性，就越容易紧张。

德约科维奇通常不会待在更衣室里，他可能会去一个我不知道的地方晃荡。除了几名工作人员外，不会有别的人打扰他。健身房关着门，因为没人使用。双打选手和混双选手都不在这里，唯一的声音来自电视。电视上的人说，历史上还从未有人连续5次在大满贯决赛中败北。我知道这一点，但在此时听到这句话，让我更紧张了。

我曾和伦德尔谈论过"紧张"，他认为美网的决赛前尤为艰难，因为赛事举办方会给选手整个白天的时间来准备，这段时间无疑漫长且难熬。他通常会去赛场踩点、热身，然后离开那里，打几轮高尔夫球，再回来热一会儿身，最后开始比赛。虽然伦德尔说自己在每次决赛前都会感到紧张，但我想他只是在安慰我。有人说，压力是一种特权，你应该好好享受它；但我已经输掉了自己打过的每一场决赛，所以这对我来说毫无意义。我原本应该坚信自己能拿下比赛，但温网决赛的阴影仍笼罩在我心上，我怕再输掉美网会让自己一蹶不振。

终于，我和德约科维奇步入了赛场，凛冽夜风迎面扑来。与贝尔迪赫的比赛就是因为大风影响而显得十分离谱，但这次，至少风只从一个方向刮来。有风的比赛通常会好打一些，可决赛当晚的风未免太大了一些。网球显得很轻，在总统包厢里的人看来，想让球不出界都难。

但直到第一盘的抢七局，风势的影响才真正显露出来。那或许称得上是边线上的经典战役之一，但实际上，我们都是在尽量尝试，对我们两人来说，把球打到自己想要的位置都成了一种奢望。德约科维奇首先拿到赛点，但我不想在一盘中得到那么多分后仍旧输掉比赛。我必须打出让人心服口

▲ 曼哈顿,我骄傲地揽着奖杯。我将接受几个采访,并出席其他一些场合。特殊的一天。

服的一球来赢得比赛。最终，在我以 12 比 10 取胜时，这一盘的耗时已超过 1 小时。

两盘领先后，我处于亢奋状态，但始终放松不下来。第三盘开局，风势完全停止。德约科维奇之前打得有些困难。那时，我只差一盘就能夺冠；在这种不利的局面下，德约科维奇原本有些灰心丧气，但当风势平息，他的心也随之沉静下来。在静止的赛场空气中，他的击球越来越准，信心也一点儿一点儿恢复。他终于找到了感觉，移动更加敏捷、迅速，紧张感开始朝我这边蔓延。

我的心理压力和德约科维奇的信心改变了比赛。他一口气扳回两盘。我的腿像灌了铅一样，无法随心所欲地移动。我不禁大叫一声，给自己鼓劲。只要我的腿恢复正常，我就能重新振作。

第四盘末尾，我因为上厕所申请了一次暂停。盥洗室就在赛场旁，我知道这次暂停一定让观众们想："穆雷又要搞砸了。"

我离开赛场时，确实非常沮丧。我们打了 4 个小时，但胜负关键在于跑动距离，因为网球比赛时，选手们并不是从头跑到尾的。当时气温已下降，而我们依旧打出了许多高比分赛局。我一直在全力调动德约科维奇的跑动。第四盘结束后，我想他的体能消耗一定比我大。

在盥洗室，我对着镜子里的自己说："这次我一定不会输。"好吧，大意如此，我已经记不得具体用词了。我必须拿出 100% 的状态回到赛场，拼尽全力，不留遗憾！

从盥洗室出来，我看了一眼伦德尔。这点燃了我的斗志，我比他更渴望这场比赛的胜利，因为我还从未品尝过大满贯冠军的滋味。我不会再丢掉决赛了，温网的噩梦已经过去了！

第五盘第一局，我成功破发；第三局，德约科维奇在 40 比 30 领先的情况下正手失误，我抓住机会再次破发，建立起 3 比 0 的优势。接下去，德约科维奇也破发一局。即使没有事后观看比赛录像，我依旧记得自己是如何漂亮地打出一个发球局，将比分改为 4 比 2，并乘胜追击，再破发一局。比分来到 5 比 2。

我曾无数次想过，夺得大满贯冠军前的发球胜赛局有多么重要。但当这样的时刻来临时，我却异常沉静。中途有两次暂停，我环顾四周，观众们几乎发疯了。我从中汲取了全部能量。我对着人群说话，虽然不知道这样起不起作用，但我想自己正是因此而燃烧起来。虽然我从未在这种局面下打过球，虽然我曾无数次想象过这种场景，但我的内心异常平静。

40 比 0，我就要赢了。在以前，100 次中的 99 次我都能保发成功。伴随着赛场上流动着我最喜爱的风，我却在发球时不小心站错了边，我太渴望冠军了。第一个冠军点，对方吊了一个高球，我击球时不小心打在了球拍边缘，他扳回一分。第二个冠军点，他将球击回时，我百分百确定这球出界了，但德约科维奇仍旧决定挑战鹰眼。我听到了裁判的声音，也亲眼看到球出界，所以我认为他没必要这样做。

我并没有马上理解赢得美网公开赛冠军的意义。或许，经历过那么多之后，我对其重要性的期望已经超出了现实，但终于夺冠之后，我彻底松了一口气，一种喜悦与怀疑混合的强烈感情充斥着我的大脑。在诸多摄像机面前，我唯一想做的事就是感谢一直以来支持我、帮助我的人。但时间太仓促了。回到更衣室，我们开始了庆祝。人们围着我又抱又亲，我们肆无忌惮地开着玩笑。伦德尔脸上的笑容比我之前见过的加起来还要多。他为我感到骄傲，说我展现出了伟大的战斗精神，打了一场无与伦比的比赛。

这番话，是我最想从他口里听到的。那天晚上，他并没有参加后来的团队聚餐，但他回家时显然带着无比愉悦的心情。

我们度过了美妙的一晚。回到房间，我在网上贪婪地浏览着有关这场比赛的报道，直到渐渐昏睡。一个小时后，闹钟响了，它提醒我为新一轮的媒体发布会做准备。

在回家的飞机上，我给自己升了舱。故乡的人还沉浸在睡梦中，我却难以入眠。凌晨4点，我破天荒地喝了一杯香槟。在浴室时，我的意识就已经有些不清楚了，错把肥皂涂在了牙刷上。如果在飞机上我有什么磕碰，也一定浑然不觉。

第 5 章

　　我有一种永不止步的精神，总觉得自己做得还不够好。或许正是这种想法支撑着我一直打下去，但2013年温网锦标赛期间，我感觉自己比往年更强了；2012年时，我也感觉自己比三四年前更厉害。在成长时，我得到了长足的进步。在媒体的曝光下，在诸多压力和审度下，我完成了自己的蜕变。这是一名职业网球选手必须承受的东西，但从某种层面上来说，这也是这些年来我作为英国网球界焦点人物所必须经历的。

　　我一直都知道，媒体的关注必然会带来那些东西，我尝试着不去理会它们，避免受到影响。但在每一场大赛之前的强化训练中，我都能感受到那些东西。我能感受到那种渴望、压力以及人们对我的期待。他们期盼着我夺冠，可那真的很难。

　　我尝试着把一切都屏蔽在大脑之外。那段时间，我不听广播，不看报纸。但一如既往，在温布尔登网球锦标赛开赛前一周，我又得了口腔溃疡，它们是我承受着多少压力的最好证明。谢天谢地，它们过几天就会好。

压力最大的事情是，通常在前几轮比赛过后，我就会成为温网单打比赛中唯一的英国人。有人说那根本是普通人无法承受之重，但我早已习以为常。如果我的心里不烦不乱，我就能在赛场上挥洒自如，但这并不容易。我见过他人是如何被这种压力影响的，尤其是蒂姆·亨曼，我想这种压力在很大程度上拖累了他。我不想这种事情在自己身上发生，但事情岂是那样简单？

我很关心体育，我已经投入大量的时间在上面。我也关心着英国的网球，关心别人如何看待它，结果我因此为自己添加了不少压力。我这样给自己施压，或许是因为我不希望民众冷落了这项运动。过去几年，由于种种原因，网球在英国并没有受到最积极的对待。更糟糕的是，我的失败很可能是原因之一。

关于我自己，我要说的是，在外界期待如此之高的情况下，我在温网的表现每次都很接近我的最佳水准。赛场上有无数目光注视着我，而每当我走入赛场，我都能化压力为动力，好好比赛。很奇怪吧？我把它当成了打好比赛的有利因素。

我还是个初出茅庐的菜鸟时，比赛压力就一直伴随着我。一开始，蒂姆·亨曼和格雷格·拉瑟弗德吸引着媒体的注意，但后来，他们退役了，突然间所有目光都聚焦在我身上。适应这种转变，并学会应对媒体真的很艰难。我从未期待过自己在聚光灯下成长，那意味着你不能犯任何错误，任何微小的过错都会被放大无数倍，受到人们苛责。坦诚地说，运动员承受的压力并不是最大的，如果你是一名年轻的音乐家、流行歌星或演员，那才真是要命。一旦你出名，无数三教九流会围绕在你身边，并把你的事业毁于一旦。这种情况是我极力避免的。我必须保证身边的人能真正保护我，他们能为我创造一个防卫气泡,让我不受任何人的消极影响,也不会有任何愚蠢的事情发生在我身边。

任何一届赛事上,我都会看到很多选手在接受电视台采访时挂着漂亮的微笑,仿佛他们是世界上最好的人。摄像机一离开,他们又完全是另外一副模样。或许对某些人来说,这样很简单:他们告诉你,要对媒体友善一些,多笑笑。但我做不来,那样真的很别扭。我笑,是因为日常生活中有那么多值得我开心的事,而不是别人希望我笑我就笑,这样我的生活才能简简单单。

最初我参加温网比赛时,我走到哪儿都有无数人跟着。即使没有媒体的长枪短炮守候,也会有无数的狗仔队埋伏着。如果我钻出车子做点儿什么出格的事,他们会一拥而上跟在我屁股后面拍个不停。但如果我过着普通人的生活,散散步,遛遛狗,平常就待在家里,他们就会兴味索然——我可不想为了出名自我炒作。

I care about tennis in this country and how it's viewed, which means that I put extra pressure on myself because I don't want it to be addressed in a poor light.

Growing up in the spotlight isn't something I'd wish on anyone because it doesn't allow you to make any mistakes without being publicly criticised in loads of different ways.

  当别人问我,我是否对其他人产生过好的或坏的影响时,我真不知道该怎样回答。我听说过有的人会受到我的影响,但直接说我为某些人的生活带来了希望,未免过于自大。

  2012年12月,我在佛罗里达训练,为澳网公开赛做准备。在那里,我听说了美国康涅狄格州桑迪胡克小学的枪击惨案。和所有人一样,我通过电视看到了那些令人揪心的画面。如果换位思考,我们是那些孩子或孩子的家长,这种事怎能不令人感到心痛。我通过脸书表达了对事件的关注,并一直在思考,究竟是什么让那名罪犯用如此残忍的方式,永远地夺走了那么多条生命。

  后来,我在报纸上读到一则报道,一名牧师帮助痛失6岁爱子的霍克利一家渡过了难关。那名牧师提到1996年发生在我家乡邓布兰的故事,那年我才9岁,正是这个故事中的一员。他对霍克利一家说,那年在英国的一座小镇也发生了小学枪击案,但一名小男孩躲在课桌下逃过一劫。他说,这个小男孩从废墟中重生,重新描绘了自己的未来。那个小男孩正是我。

  这是一个让人鼓舞、感动并惊奇的故事。我无法想象,霍克利一家因为这个故事而重新找到生活的希望,毕竟情况不同,每个人在这种灾难中承受的痛苦也不一样。每个人对事情都有不同的理解,这取决于你自己,没有对和错。

每当我回首往事，都问自己，在我小学时究竟发生了什么？我真不愿它发生在我身上，也不想多谈。那是我永远无法摆脱的童年阴影，很多人都想和我谈论那件事，但他们也不得不承认，我无法屏蔽掉所有情绪，然后对每个采访者轻松地说起这个沉重的话题。

如果你看了 2012 年早些时候我和苏·巴克合作的 BBC 纪录片，你就能体会到其中强烈的情感。纪录片里的话就是我想说的全部。未来才是最重要的，看看这座小镇的现在，看看邓布兰是如何站起来的吧，我为自己的家乡感到自豪。

我有一个美妙的童年，家人彼此亲近，生活充实。但世界上有的孩子却因为父母的漠不关心而在糟糕的环境下成长起来。我们必须聆听他们，想办法帮助他们摆脱这种压力，只有这样，他们才能健康成长，发展自己的潜力。

那些长期关注着我的人，好吧，我只希望他们不要对我某些时候的失败过于苛责。每个人都有缺陷。我从没说过谁是完美的，人无完人。有时候，你总会发现现实和理想有所差距。如果你是在金鱼缸里成长起来的（指无法避开众人的目光。——译者注），就会更清楚地考虑问题。随着时间推移，你会发现从前无关紧要的事情，开始变得举足轻重。小时候，我根本无需知道媒体如何工作，也曾为他们的报道而苦恼。现在，如果我打得很烂，而他们也在报纸上说我打得很烂，那完全没关系。我负责打球，他们负责报道，各司其职。

许多粉丝在社交网络上关注着我。真正了解我的，是那些对我整个职业生涯感兴趣的人。他们花时间了解真实的我,知道我的教养如何,以及经历过什么。他们了解我的故事,知道我如何成为今天的我。或许这要追溯到邓布兰的枪击事件,那时候我还太小,无法真正理解那件事。或许要归功于父母对我的养育,或者我远赴西班牙的决定让我变得独立。真正的粉丝能理解那有多难,他们会接受一个真正的我,而不是一厢情愿地要求我是一个完美的人。

但最近一段时间,有的人想把他们的期待强加在我身上。无论是拥有傲人姿色的女人,还是拥有无穷魅力的男人,大多数都希望跻身聚光灯下,博求名利。我对这种行为很不理解。人生的意义应该比这深远得多。我们应该从一个人的本身来评价一个人,而不是看他在摄像机面前的表现。

所以,在我取得奥运会和美网公开赛的成功后,回一趟家乡邓布兰有着特别的意义。我不知道这趟行程将发生什么,所以前一晚,我还对朋友开玩笑说,如果等我们到那里,发现只有两个人在肉店外等我们,那就真是太搞笑了。

当天早晨,我感到很紧张。在球场上,我是观众的焦点,但观众永远不会在我打球的时候走过来和我说话。大家都明白自己的位置。当我没有比赛可打时,人们关注的焦点就不再是我了。和大家一起坐下来吃晚餐时,我不再像球场上那样引人注目。所以我有些好奇,自己在邓布兰究竟会受到怎样的待遇。

最后的场面令我十分感动,给予了我极大的鼓舞。我对此心怀感激,他们举办的庆祝会不仅是为了我,也是为了这座小镇的每个人。我见到许多此前不曾想到过的人,看望了母校的每一位老师。我甚至造访了自己小时候用省下来的零用钱买小糖果的报摊,它现在任我挑选我想要的东西,真是有趣极了。我和一群孩子坐在一个邮筒旁边，邮筒上是他们为了纪念我获得奥运会冠军而画的金牌。后来我才知道，人们早就期盼着我到来的那天。我只是恰好成为那天舞台的中心，但那场盛会的主人是他们自己，并不是我。那天所庆祝的东西，远比几场网球赛多得多。

我见到小镇的美发师福齐，他告诉我，我必须剪一个得体的发型，因为我的发型在纽约各处十分流行。我去了常年无人问津的网球俱乐部，那里有几百个孩子在等我。

最后，一场不期而至的大雨为这场庆祝画上了句号。这场雨来得很是时候，这才是我记忆中家乡阴晴无常的天气。这件事告诉我们，只要有足够的场地和热情的成年人，孩子们很容易就会爱上网球，无论是否有基础。虽然天公不作美，但一切都棒极了。

现在，我已经算是这一带的有钱人之一了，一位名叫尼尔·格兰杰的人毛遂自荐，希望为我管理财务。他的第一个客户是苏·巴克，他也为蒂姆·亨曼任劳任怨地打理过很多财务上的事，所以他经常联系我，试图说服我用自己的财产去做一些投资。对我来说，钱是个有趣的东西，如果拿来购物，至少我知道自己买的是什么，但我实在无法理解股市是个什么玩意。有的人能在股市赚个盆满钵满，也有不少人在里面赔得倾家荡产，这听起来有些吓人。

So many people want to be famous for being famous. To me, that's weird. Life goes a lot deeper than that.

我曾自作聪明买下当地一家酒店，并认为这是一桩好生意。我的兄弟杰米在那家酒店举办了婚礼，我的祖父母也在那里度过了结婚纪念日。可最后酒店却濒临倒闭，这很丢人，因为那真的是一个很棒的地方。

我对尼尔讲了酒店的故事，一开始他有些勉强，但最后还是同意去那里看一眼，并和相关人士进行交谈。回来的时候，他显得有把握多了。他为酒店制定的重振计划涉及我的家人，我对此很满意。如果把酒店卖给某个每年只过来住几个月，其余时间就由它空着的外地人，这无疑会是我的一个耻辱。现在好了，我们将在当地创造更多的工作机会，我的亲朋好友也能随时过去居住或玩耍。

我在这项资产上投入了大量财力，而酒店方面也终于显示出了盈利潜力。头几年或许吃力一些，但我相信在我从网坛退

2012年9月，邓布兰。向家乡人民展示我的奥运奖牌是我最自豪的时刻之一，我永远是他们中的一员。

▲ 他们甚至把当地邮筒也喷成了金色，所有金牌得主的家乡都会做这件事。这极大地触动了我的内心。

▲ 孩子们触摸金牌时所绽放出的笑容如此美妙。他们画下一些了不起的画面和海报，来庆祝我的胜利。这让我想起许多往事。

役那天，它会给予我极大的回报。它也让我在回到家乡时有了一处落脚地，实际上，它离我的出生地只有5分钟车程，真是妙极了。

My property in Dunblane is cool thing for my family to be involved in. Now there will be more jobs created in the area, and it's a really beautiful place.

• • •

我提到了邓布兰，并告诉你们，一些伟大的事情如何从一场灾难中萌芽。每个人都受到了影响，我也不例外，我们都从这种可怕的经历中学到了很多东西，并变得更强大。2012年12月，类似事情降临在了我的朋友罗斯·哈钦斯身上。

圣诞节前，他发了一条信息给我。现在回顾起来，我能理解为什么他在电话里显得有些低落。我刚结束在迈阿密的训练回到伦敦，晚上准备启程前往苏格兰度过几天假期。罗斯迫切地想和我见面，但我回复他说："我有些累了，还没倒好时差，今晚得赶去苏格兰。"他又回了一条短信说："好，别担心，我们回头再说。圣诞快乐。"

我在家度过了一段美好的时光。整个假期我都非常放松，直到我在圣诞夜前往迪拜时，才听说了那件事。我刚到迪拜，

2013年，我第三次闯进澳网公开赛决赛，但它的结局和前两次一样。我使出浑身解数，仍旧败给了表现更好的对手。因为比赛后，我望向自己的团队，一切尽在不言中。

罗斯就给我发了信息,问是否能和我通话,因为他患了一种叫做霍奇金淋巴瘤的癌症。我反复阅读了那条信息好几次,才敢相信他在说什么。我为他感到担忧。迪拜之旅后,我会前往澳大利亚待上一个月。我知道癌症可能会在短时间内恶化到最糟糕的状态。我必须马上动身去看他。

到达布里斯班后,我每天都给他发短信,并深入了解这种癌症的特点。我还特意查看了历史上是否有运动员得过这种病并最终康复的案例。一旦找到,至少能让哈钦斯进行治疗时乐观些,从而树立起战胜病魔的信心。

A chance to show the silverware to the watching world. You think of so many things at this time; but mostly you think, what a beautiful trophy it is.

我以一场完美的决赛击败了保加利亚选手格里戈尔·季米特洛夫。在获胜演讲中，我的声音因情感的波动而颤抖。我将自己的胜利献给我最好的朋友，"他正在家里养病，我们希望他能渡过难关"。接下来我在镜头上写了一些什么，这引起了很多粉丝的兴趣，并尝试破解我的笔迹。具体内容连我自己也忘了，但肯定是为哈钦斯而写。

我在赛场上发表过那样一番言论后，人们都想找出我所说的那位朋友。哈钦斯站出来大方地承认了，并将疾病公之于众。我听说他与为澳网公开赛而来的英国记者举行了电话会议，他坦诚并乐观地叙述了自己的遭遇。他就是那种人，内心强大、直爽。

这件事对我的最大影响，就是从此我不再那么担心自己。哈钦斯在接下来的数周给我发了很多短信，而其中大部分都是他在关心我最近的状态。放到以前，我或许会想："我真的很累，我的比赛打得乱七八糟。"但现在我的朋友正在和癌症作斗争，从没有这样一种灾难让我如此触动。我开始重新思考，意识到生活其实比我们平时以为的要美好得多。输掉澳网比赛后我一直感到万分沮丧，但我随即收到哈钦斯的短信，他说我打得棒极了，他为我感到骄傲。我突然意识到，自己所处的境况并没有那么悲伤，不过是输掉一场比赛罢了。

人们成天谈论着癌症的话题，但只有当它发生在你身边时，你才能真正理解它是怎样一场灾难。自从哈钦斯被确诊为癌症，不仅仅是我，与哈钦斯关系密切的所有人都感到十分震惊。这让我们意识到，自己是这世上的幸运儿之一，我们应该享受一切美好，因为你永远不知道明天会发生什么。

那年在上海，哈钦斯因疼痛而难以入眠。人们本以为他会在赛场上睡着，但他却顽强地拿下了一场又一场胜利。每天，他都和柯林·弗莱明进行训练，

That was really tough because it was the first time I had seen him since his diagnosis. I wanted to be so positive and happy but it was difficult to see him like that.

我也和他练了几个回合。有几次，他因为背部疼痛而无法发球，但他从不抱怨。

不久，哈钦斯开始化疗，他毫不畏惧地应对着一切，但你能明显看出他病了。这很令人难过，这是他被确诊后我第一次见他。我很想在他面前表现得积极乐观，但看着他遭罪，我感到非常难过。他熬过了整个化疗疗程，我也能体会他对萨顿市皇家马斯登医院的医生和护士的感激之情。整个过程中，他们都陪护在他左右，我非常高兴自己也成为了其中小小的一员。

2013年爱琴海网球锦标赛后，我们在伦敦皇后网球俱乐部为皇家马斯登医院举行了抗癌募捐。这是我们能够想到的唯一可以直接帮上忙的方式。这场募捐让来自体育界、商界、政界甚至喜剧界的人士为同一个目标走到了一起。我们的目标是成立一个基金，帮助所有像罗斯·哈钦斯一样的人对抗无情的病魔。

身处地球另一半的我，身心都为哈钦斯而牵绊。我的团队也对他深感同情，因为他们和哈钦斯曾在一块训练场上相处过。他是世界上最善良的家伙之一。我从未见过他脸上露出过什么坏情绪，他与癌症的斗争也十分英勇。他和家人都对未来感到乐观。他只和所爱之人待在一起，做他真正想做的事。

温网失利后，我最美好的回忆，就是有一天我收到哈钦斯的短信，他说自己正从癌症中慢慢康复。没有比这更好的消息了。一位朋友从疾病中康复，这值得我们所有人庆祝。

第 6 章

卫冕布里斯班国际赛冠军，让我带着十足的信心挺进2013年澳网公开赛。它是我赢得的第25个锦标赛冠军，并和哈钦斯有着如此特别的联系，所以意义重大。俗话说，自信和自负只一线之差，一不小心，就可能让你吃到苦头。但我无需担心。澳网公开赛的开局很顺，大多都是速战速决，没有拖得太久。尽管里查达斯·贝兰基斯破了我一个发球局，但我一鼓作气杀进了半决赛。在那里等着我的，又是罗杰·费德勒。

◂◂ 很荣幸成为他们中的一员。巴克莱ATP世界巡回赛年终总决赛上，我与德约科维奇、纳达尔站在一起，共同祝贺费德勒所取得的巨大成就。

他一直是一个难以逾越的障碍，我从未在大满贯中击败过他。我们在大满贯中总共相遇了三次，每次都是以我的失败告终。我是这届比赛的三号种子，费德勒是二号种子。人们都觉得我的冠军道路就要到头了。

我赢下了第一盘，费德勒则通过抢七局拿下第二盘。我取得第三盘的胜利，费德勒则再次通过抢七局在第四盘扳平比分。比赛已经到了生死攸关的时刻，赢得下一盘的人将晋级决赛。我们都要为各自的荣誉决战到底。

比赛中发生了一个引人注目的小插曲。当时是第四盘，5比5平。我感觉自己稍占上风。我打出一记制胜球，赢得了一局。比赛进入下一局，比分是6比5，我有机会通过发球局赢得这一盘。我打出一记漂亮的正手边线球后，不禁露出微笑。费德勒对此很反感，于是在球场那头冲着我吼了一句什么。我不知道自己究竟做错了什么，这种表情在网球比赛中很常见，而相比足球场或篮球场上司空见惯的那些事，一个微笑要温和得多。我没有任何恶意，事实上，他冲我喊的话我也忘了。

令我记忆深刻的是，费德勒从那一刻开始爆发，这是作为一名伟大球员应有的特质。尽管最后一局依然是我的发球局，但他通过抢七顽强地拿下了第四盘。比赛进入最后一盘。

网球比赛中，你永远猜不到下一秒会发生什么。运动员唯一能做的事情就是认真打好每一球，机会来了就尽量抓住，并祈祷自己这一拍能够得分。任何比赛，像费德勒这样水准的球员都随时可能爆发，打得你毫无还手之力，尤其是在一场已经缠斗了4个小时的比赛中，你要千万小心。我竭尽全力让自己保持专注。第五盘的开局，是我职业生涯中最美妙的回忆之一，我以6比2赢得了最后的胜利。我打得不错，做了一切自己该做的事，并把它们发挥到极致。丢掉第二盘和第四盘时，我非常沮丧，因为我感觉自己打得糟糕极了,但我为自己能够奋起反击感到高兴。

随着费德勒在第四盘比赛中的爆发,我要做的就是提醒自己认真应对。我一直感觉自己稍占上风,但费德勒紧咬比分不放,当他落后时,总能拿到关键分数。这就是费德勒,所以回想起来,能够赢得这场半决赛是我极大的荣幸。这场比赛比我预期的多进行了45分钟。听起来似乎不算很久,但正是这多出来的45分钟,让我的体力濒临透支。少了一个小时的睡觉时间,意味着你少了好几个小时的恢复时间。这是一次教训。半决赛中,好几次到破发点时,我都尝试正拍夺分,却屡次失手。或许那时我尚未意识到比赛将对决赛造成什么样的影响,所以我根本没有尝试着速战速决。

决赛第一盘我抢七力压德约科维奇,但接下来三盘全被他收入囊中。场上形势一度相持不下,难分伯仲。尤其是第二盘,我再次将德约科维奇逼进抢七局,但就在关键时刻,我却后继乏力。或许是我在半决赛中消耗过大,以至于决赛中的动作比

You never know what's going to happen next in tennis. The only thing you can do is play the right way, go for your shots when the opportunity is there and hope that it pays off.

You never know what's going to happen next in tennis. The only thing you can do is play the right way, go for your shots when the opportunity is there and hope that it pays off.

平时要慢半拍，但无可否认，德约科维奇的发挥比我更好。如果想战胜这个级别的选手，你必须确保自己精力充沛，否则根本没有机会。

输掉决赛后，我有几个明显的理由为自己感到欣慰。一路走来，我打出了到那时为止职业生涯的最佳战绩。我打进了温网决赛，赢下了美网，离澳网冠军也只差一步——真的只差一步。历史上没有一名运动员能够在赢得第一个大满贯冠军后马上赢得下一个大满贯，我差点做到了。我必须看到事情积极的一面，然后肯定自己在正确的道路上前行。通过五盘苦战，我在大满贯赛事中第一次战胜了罗杰·费德勒，并出色地处理了那场比赛中的起起落落。决赛中，我的自我感觉也比赢得美网时更加从容。

但在高级别比赛中，胜负往往就是最后一两分的距离。我最好的机会或许出现在第二盘的开局，但我没能把握住。第三盘快结束时，德约科维奇的机会出现了，他没有放过它。就是这样。

你可以从我的反应中看出，我在对阵费德勒的比赛中拿下了非常重要的一分。在世界上最大的体育舞台，进入状态时就是这种感觉。

德约科维奇在澳网中创造了不可思议的记录，很少有人能像他这样称霸这项赛事。即使输球，你也会希望自己输给的是一位当之无愧的霸主吧？

回顾那届赛事，在对战费德勒的比赛中，我发的每个球都是上坡的。场地并不水平，而是向我那端倾斜。球场上的微风从一个方向稳定吹来，我们不必考虑它的不利影响。但站在罗德·拉沃球场，站在其中一边的球员会比另一边的球员多跑动很长距离。如果你仔细观察过比赛，就会发现95%的破发都发生在地势较高的那端。而在地势较低的那端，球非常容易往回滚。纽约的阿瑟·阿什球场也有同样情况，但那里灾难般的狂风让人们忽视了其他问题。虽然阿瑟·阿什球场凌乱的风很让人抓狂，但2013年给我留下最深印象的，还是在澳网球场上朝着斜坡发球。

据说，费德勒曾评价我的打球方式比其他球员更容易让他疑虑，我很高兴听到这样的评价。他说我从不会用同一种方式连拿两分，我想这是我的优势。我会积极地尝试让对手陷入不停的跑动、思考和猜测之中。大多数时候，我都在用一种聪明的方式打球，这成了我的某种天性。这种比赛方式面临着应对拉锯战的问题，我必须在持续数小时的比赛中保证每个球的质量，即使这很难做到。

关于战胜费德勒，我要多说两句。在年轻时击败费德勒是一次重要经历。2006年，19岁的我在辛辛那提大师赛第二轮以2比0爆冷战胜过他。如果你连续5次、6次甚至7次输给对方，这绝对会是一个巨大的心理障碍。战胜费德勒让我获得了作为一名网球选手的信心，更重要的是，也让我在未来和他对阵时更有自信。我在与费德勒的对阵历史中保持着不错的成绩。或许在之前的大满贯比赛中不是这样，但截止2013年美网公开赛，我和他一共进行过20场比赛，我赢了其中11场。我是为数不多和他数次交手并

I have to remember that I'm challenging myself against some of the best players of all time. That challenge has made me a much better player, that's for sure.

占据上风的球员之一,这是一项殊荣。罗杰·费德勒是网球史上最伟大的球员之一,这让我对这项纪录尤为珍视。

我享受和每一位伟大球员进行比赛,但其中有些比赛显然更为特别,比如在草地球场对阵费德勒,在红土球场对阵纳达尔,以及在硬地球场对阵德约科维奇。那是他们的专长,他们在各自擅长的赛场上取得的成绩是如此辉煌,他们是世上最不可思议的网球选手。那三种比赛,你绝对挑不出一个软柿子。我必须时时提醒自己去挑战那些网球历史上的最佳球员,我很幸运生在这个时代,正是这些困难重重的挑战让我变成了一个更好的球员,这一点毫无疑问。

在我对阵费德勒的所有比赛中,有两场令我尤其难忘。其中一场是2012年温网决赛,我输给了他;然后是接下来的2012年伦敦奥运会网球单打决赛,我完成了复仇。第一场比赛,无论是作为一个人还是一名球员,都对我产生了深远影响。第二场比赛,职业生涯到那个阶段,已经很少有我没见过的情况,但奥运会决赛对我们两人来说,都是全新的体验。

我职业生涯中唯一不走运的,就是大满贯决赛。每一个对手相对于我来说都拥有巨大的经验优势,我从来不是决赛中经验更为老到的一方。我的对手,不是费德勒,就是德约科维奇。他们都是决赛老手,尤其是费德勒。如果你看一看这些记录,费德勒的第一场温网决赛对阵的是马克·菲利普

▲ 职业生涯的重要时刻,我即将加冕 2005 年在以色列举办的戴维斯杯。我和戴维·舍伍德组成双打团队,在比赛中 4 盘击败了乔纳森·埃利希和安迪·拉姆。

西斯，德约科维奇在 2008 年澳网与特松加交过手，纳达尔则在巴黎和马里亚诺·普埃尔塔打过比赛。那些球员没有一个拿过大满贯冠军，其中又只有马克·菲利普西斯在美网公开赛对阵帕特·拉夫特时有过大满贯决赛经验。重要的是，我在大满贯决赛中面对的对手都知道怎样才能夺得大满贯的胜利，而我却对此一无所知。所以，在取得这种经验之前，我花费的时间要稍微长一些。

如我之前提到的，和纳达尔在红土球场上比赛是十分特殊的经历。2011 年的法网公开赛对我而言十分重要，虽然当时我踝关节有伤，但依旧打得很出色。那是一场激烈的半决赛，我们在多局比赛中打得难解难分。重重压力下，我觉得自己的表现并不那么糟糕。第一盘结束前，我得到了扭转战局的机会，但没能抓住它。我拿到了几个破发点，但没有破发成功，纳达尔的应对极为出色。他的发球强劲有力，正拍得分能力很强。这是一名优秀网球运动员的标志：在关键分的处理上异常出色。纳达尔在红土球场上的表现堪称典范。那场比赛，他以 6 比 4，7 比 5 和 6 比 4 获胜。巧合的是，2013 年温网决赛，我以同样的比分战胜德约科维奇夺冠。

只要觉得有必要，纳达尔就会表现出难以置信的侵略性。在法网对抗纳达尔或许是网球界中最严峻的挑战，他的法网战绩无人能及。作为一名比赛选手，他绝对是最优秀的。他的比赛强度令全世界侧目。纳达尔取得的荣誉无数，但他依旧热爱比赛，他喜欢训练，他在赛场上的训练方式十分严苛。我在很小的时候就认识他，虽然现在要我们成为最要好的朋友已经不太现实，但我能肯定地说，赛场下我们是有着超过 10 年友谊的朋友。纳达尔是一名值得尊敬的运动员，从不轻视任何人，也从不对他的对手恶语相向。我非常钦佩这一点。

和纳达尔一样，在过去几年，我和德约科维奇之间的竞争也异常激烈。我和他的比赛通常演变成残酷的马拉松，不仅是对球技的考验，更是对身体极限的挑战。在某种程度上，一场网球比赛与其场地的建造材料有着莫大关系。德约科维奇和纳达尔在红土球场进行的比赛精彩纷呈，但相较而言，纳达尔和费德勒的比赛才是真正的宿命对决，因为他们是同一类型的选手。你会发现，场地种类起到了不可忽略的作用。纳达尔在法网赛场能够轻松击地败费德勒，而费德勒则在室内赛称霸一方。但一旦他们两人都找到了状态，无论什么场地，比赛都将成为人类历史上最精彩的对决。

2007 年，我在澳大利亚和纳达尔的交手，绝对是我职业生涯中非常重要的一场比赛。虽然我苦战五盘败北，但那场比赛十分不可思议，因为那是我第一次在大满贯赛事中遭遇顶级选手。我很享受自己在比赛中的表现，而且回过头来，也许正是那个时候，我第一次感觉自己也能成为顶级选手，或至少接近那个水平。大部分时间我都在场上占据着优势，但无奈我的身体发育尚未成熟。从此我在身体训练上格外注意，只有这样我才能将高质量的表现延续到比赛结束。

▲ 整个春季我都受到背伤的困扰。我在罗马大师赛对阵的第一个对手是西班牙选手马塞尔·格拉诺勒斯，在第二盘后我选择了退赛。这是正确的选择。

我职业生涯中另一个关键时刻，是 2005 年我在以色列第一次参加戴维斯杯。那时我只有 17 岁，从未在那种大赛氛围中打过球。我和另一名初次参加戴维斯杯的选手戴维·舍伍德组队参加双打。我们配合得很好，以 3 比 1 赢得比赛。我对我们的默契配合感到惊喜，尽管我们是那届比赛不受观众欢迎的黑马。我之前从没好好练习过单打，但我的表现如此之好，以至于队长杰里米·贝茨告诉我，如果前四场比赛英国队打平，他会派我参加最后一场决定胜负的单打。那时我还很年轻，这番话无疑极大地鼓舞了我。这很难得，因为通常人们都不会对年轻球员的成绩有什么要求，但让杰里米·贝茨有所期待是对我能力的肯定。

回顾早年，我希望自己在很小的时候就知道应该怎样应对长时间比赛对身体的考验，我希望自己在小时候就注重身体方面的训练。身体打造最好趁着你还在发育期时，循序渐进、一步一个脚印地前行。现在，我的双腿很有力，但上身力量相对差一些。如果我早注意到这方面就好了。

我的发育高峰大概在 19 岁之前就结束了。现在我必须时时注意自己的膝盖，忍受自己对伤病的恐惧。我很后悔小时候满世界飞来飞去打比赛时，没带上一名私人训练师和一名理疗师。如果我那样做了，或者趁年轻做了更多的普拉提（Pilates，由德国人约瑟夫·皮拉提斯在 20 世纪发展的身体适能运动。——译者注），现在肯定会强壮许多。如今无论我付出多少努力，都很难在身体柔韧度上有所进步。每年密集的赛程也让我抽不出时间进行这方面的特别训练。我的大部分训练都专注于如何保持现有水平，避免状态下滑。

这就是我回顾自己职业生涯早期所总结的教训。但我小时候对成为职业选手并没那么热衷，只是单纯地享受比赛本身。所以，这也不算什么巨大的遗憾。任何事情发生，都有其必然性。

或许，这就是我退出 2013 年法网公开赛的原因。有时候，你应当知道有所取舍。我知道自己赢不了那届比赛。在马德里，我对阵弗洛里安·迈尔的比赛和对阵吉勒·西蒙的比赛都在晚上进行，之后对阵托马斯·贝尔迪赫的比赛更是在凌晨 2 点 30 分才结束。我花了很久才从系列赛的消耗中勉强恢复过来。我之前已经发现，在长时间比赛中，我的背部会感到疼痛。而在对阵贝尔迪赫时，情况急剧恶化。

赛后，我和我的团队坐下来，讨论是否该继续参加下一项赛事：罗马大师赛。我决定先休息三天，然后打几个球，看看背部伤势恢复情况。不幸的是，在我 26 岁生日那天对阵马塞尔·格拉诺勒斯的比赛中，伤势再度加重，无法坚持比赛。除了背伤的困扰，比赛天气也十分可怕。赛场狂风大作，我和格拉诺勒斯失误连连，我的移动步伐也很笨拙。格拉诺勒斯与我相识已久，他不知道我究竟怎么了。如果我是凭借球技让对手感到难受，这没问题；

Back when I was younger, I wish I had known the way the game was getting so physical. I wish I had traveled with a trainer and definitely had a physiotherapist.

但如果对手是因为我明显的疼痛感到窘迫,那就完全是另一回事了。

首盘我以 3 比 6 告负,但随着我的脊椎渐渐适应,我在第二盘 1 比 4 落后的情况下奋起反击,将比赛拖入决胜局。我的团队在几局之前就已经劝我放弃比赛,但直到我赢得第二盘时,我才意识到,虽然退赛会很遗憾,可如果再坚持下去,我将对自己的身体造成不可逆转的损伤。随着比赛推进,我的背伤越来越严重,比分已经不那么重要了。为自己的健康考虑,我不想在煎熬中继续下一盘。我决定弃赛。在这之前,我的职业生涯参加了近 500 场赛事,只在中途放弃过一场比赛。惊人巧合的是,5 年前的那场比赛也是发生在我的生日这天。那是在德国汉堡,我的手腕肌腱撕裂。

这种情况下,任何选手都宁愿输掉比赛,然后离开赛场,但我真的不愿意。随后,我飞回了家。

抵达伦敦后,我看过无数医生。其中有两名背部外科专家,还有一位来自美国。我做了一系列检查,然后接受了所有治疗疗程。接下去我又见了马克·本德尔,他对我进行了检查并采取治疗措施,试图让我的背部放松一些。马克让我好好休养 7~10 天,然后接受一个抗炎症的治疗。因此在马德里期间,我没有进行训练。

在上下楼都难度颇大的时期,我还想着站在红土球场上打五盘激烈的球赛显然对健康毫无帮助。我已经接连参加了多次大满贯,并连续杀入了温网、美网和澳网的决赛。连续四次杀入大满贯决赛是每个球员都梦寐以求的事,所以放弃法网是一个重大决定。明年我该更明智地安排自己的赛程,并认识到红土赛季将会对我的背部造成严重损伤。

对我来说,我没有任何理由再勉强参加法网公开赛。如果强行参赛,将注定在这项赛事中毫无作为。我可不想装轻伤不下火线的英雄,跑过去打几场比赛只为作秀。所以，我们决定放弃参赛资格，专注于自己该做的事，尽量增加自己在下一次温网比赛中的夺冠概率。我决定劳逸结合，好好休养一段时间，然后重新开始训练——更刻苦地训练，为草地赛季做好准备。

第7章

2013年的法网公开赛如期举行。我的背部伤势完全无法适应巴黎阴冷的天气，所以我独自在伦敦王后俱乐部苦练，远离外界喧嚣，为草地赛季做准备。

　　王后俱乐部总给人一种宾至如归的感觉，我在那里的训练也十分成功。但由于过早放弃红土赛季，所以这一年剩余的赛事对我来说格外重要。如果没几场适当激烈的热身赛做铺垫，6周之后的温网将变得十分困难。这无形中给我增添了压力。我的第一个对手是法国选手尼古拉斯·马胡，一名优秀的草地选手。前些年，我曾在第一轮败于他手下。因此，我必须在身体和态度上都达到最积极的姿态。

　　打完红土赛再转战草地赛，通常都会觉得发球顺手了许多——至少看上去如此。即便你原本不是一个那么出色的发球手，也会觉得

I walked out to an ovation that was one of the most profound of my life. These are not the kind of occasions I particularly relish [but] that was special for me.

自己的水平上升了。因为和红土赛场相比,网球在草地赛场上的球路更加诡异。为了适应网球在不同赛场的反弹方式,网球选手必须做出调整。在草地赛场上,网球的反弹要低得多,所以对选手的背部和臀部肌肉要求更为严格。这就是为什么切削球是草地赛最为重要的击球技术之一。在草地赛中打出的切削球比在红土赛或硬地赛上的效果要好得多,而且只有少数习惯击球高度在臀部与肩部之间的人能够娴熟地使出切削球步法。就像我经常做的那样,击出大量的切削球可以带给对手巨大的压力。但你得小心不能将球打得太远,否则最后只是让自己在不停的奔跑中消耗体力。

在王后俱乐部进行的草地赛场特训对我起到非常大的帮助。一切如我期望的那样进行着。我打了五场高质量比赛,有条不紊地处理着所有事。每一场比赛的每一盘,我都发挥了应有水平,这是一件令人愉快的事。是的,对阵本杰明·贝克尔和特松加时,有几盘打得很艰苦,对阵马林·西里奇的时候我还输掉了第一盘,但没有任何事能阻挡我前进的脚步。我很乐意抓住机会，大部分所得分数都给我以手到擒来的感觉。

我不断地为自己创造机会，打了几场比赛，并训练了几天之后，我相信自己已经为即将到来的温网锦标赛做好了准备，即便是赛场上最小的瑕疵，我也要将它无情地剔除。

当年早些时候，我答应 BBC 为我拍摄一部纪录片，这部纪录片将在温网开始前播放。我担心这会扰乱我的比赛状态，也有些犹豫这是否真的是我想做的事。我与 BBC 制作组的人面谈之后，最终还是对此提不起兴趣。教练组的人也没有对此感到惋惜。

我对《与卡戴珊姐妹同行》（*Keeping up with the Kardashians*）一类的真人秀节目缺乏热情。我不想从一大早出门到晚上睡觉，都有一架摄像机对准我的脸一路跟踪，这会让我头疼死的。但最后，我还是被 BBC 的人说服了，他们承诺不会占用我太多时间，只会拍下必要的画面，然后就离开，绝不是连续跟踪拍摄好几周，连我用餐时也要跟进拍摄食物成色之类的。

他们专门拍摄了几天我在迈阿密的训练情况，我们达成协议，如果我对他们的工作感到不适，或觉得已经越界，可以随时终止；如果没问题，就与他们保持合作。

事实上，我们合作得很顺利，这是一次愉快的经历。苏·巴克尔全程参与其中，这很有帮助，因为我了解她，与她合作让我感觉很放松。她绝不会试图挖掘一些争议性或敏感的话题。我信任她。

纪录片播放之后，好几名网球选手、教练和赛事其他相关人士都找到我，说他们很喜欢它。许多人都是第一次了解我年轻时的经历。大众的反应是

▲ 释放的一刻。我来到球员区的另一端,寻找坐在观众席中的亲友。

▲ 在我的家乡邓布兰，人们也在疯狂庆祝。我毫不怀疑图片中那些装着各类酒的杯子会很快见底。

积极的，但这不会对我参加温网产生任何影响。这部纪录片或许多少改变了他人对我的看法，但并没有改变我的自我认知。

赢下奥运金牌和美网比赛后，我本希望自己在踏入温网赛场时能够有更强的信心，但那种紧张和压力丝毫没变。赢下美网冠军后，或许我不会再将大满贯赛事当成一项艰巨的挑战，毕竟我已经赢过一次冠军。但对99%的英国人来说，温网才是一名英国网球选手证明自己的唯一舞台。我无法改变这一点，我能感觉到这种压力。

在球场环境危机四伏的情况下拿下第一场胜利，是这届温网最为棘手的事。第一场比赛我会习惯性地紧张，因为它的场地在刚开始时非常难以适应。草坪的绿色会让你晕眩，更不用说湿滑感了。所以，在第一轮顺利拿下德国选手本杰明·贝克尔时，我感到十分高兴。

另外两场比赛中，纳达尔在第一轮输给了比利时选手史蒂夫·达尔西斯，费德勒则在第二轮对阵乌克兰选手谢尔盖·斯坦高夫斯基时出局，后者是我在2004年美网青年组决赛的选手。纳达尔和费德勒原本都会是我抽签遇到的选手，一旦他们出局，媒体立即炒作说："这届温网是属于安迪·穆雷的，如果他没有赢得冠军，这将是一场灾难。"突然间我就要承担成为最大夺冠热门的压力了。这就是我看淡赛程抽签的真正原因。但要将外界的纷纷议论和可能暗中滋生的得意之情完全排除在外真的很难。

那届比赛，许多球员都受到球场湿滑的困扰。而应对较滑的场地环境，实际上也是一名职业球员应有的素养。第二轮对阵卢彦勋，我感觉浑身都不舒服，动作僵硬、呆板，在一号球场打球也不如中央球场那样舒服。我有些急躁，但总算完胜过关。

之后第三轮，我遭遇的对手是西班牙选手汤米·罗夫雷多，他是大赛

Playing lefties is different because of their variety of spins and angles, [but] I actually feel good against left-handers, they, tend to hit it where I like to take the ball.

第 32 号种子，非常优秀的选手。我们在中央球场激烈作战，中央球场巨大的顶棚让场地条件稍稍有所改善，正好利于我发挥自己的优势。我认为自己做得不错，这是整个赛事中我打得最好的一场比赛。

事后，我开始认真考虑费德勒和纳达尔退赛的事。我该说些什么呢？我要做的不过是继续保持自己的职业水准，一分一分地打，一步一个脚印。别的球员身上发生了什么，真的不关我的事，即使这会让别人气得跺脚。

周六下午，我终于能稍微放松一些，去见见英国奥运代表队的几位前队友。他们受邀坐在球场的贵宾席观看当天的比赛。我很高兴能见到这些熟悉的面孔，他们一个个如此光彩照人。俱乐部派人过来，问我是否想去贵宾席坐坐，我立刻停下训练，快速换上一套西装，说实话，这么打扮真有些不习惯。我的出现引起了观众们的一片欢呼，这对我的人生来说意味着很多。我不太习惯这样的场合，有些手足无措，也不知道该说些什么，但人们不管这些，争相与我握手、合影，对我说鼓励的话。多么特别的经历，我的精神也为之一振。

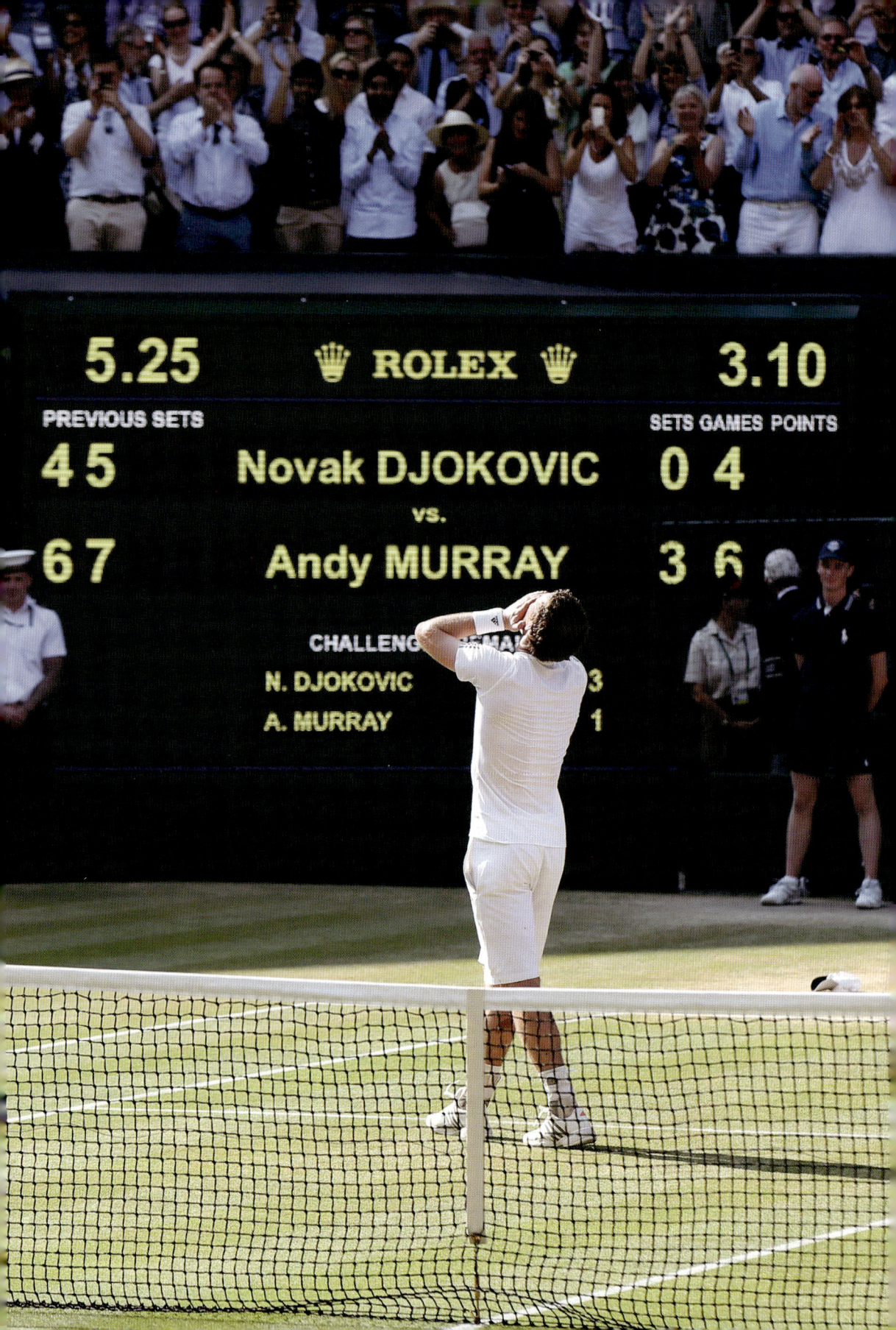

周一，我三盘拿下俄罗斯选手米哈伊尔·尤兹尼，比赛感觉非常好。八分之一决赛的对手是西班牙选手费尔南多·贝达斯科。他是一名左手将。自2012年美网公开赛第三轮击败费利西亚诺·洛佩兹后，我就没有再遇见这类选手。

或许，普通人很难理解左手球员的旋转球和斜线球有多难对付。一旦贝达斯科找到发球感觉，就像这次一样，他会是一个令人畏惧的对手。

然而，悄悄告诉你，我其实很喜欢和左手球员打球，因为他们通常会把球打到我最喜欢的位置。不过，一旦他们爆发，对手就只能祈祷了。他的发球和接发球都异常完美；我则发挥稳定，处在自己的应有水准，但难说有什么特别的表现。不过，当他的状态起伏时，就轮到我接管比赛了。他开始犯错，变得紧张，发球出现瑕疵，就这样，胜利的天平向我倾斜。看起来很简单，但这就是我的制胜手段：耐心等待，对比赛保持敏锐的嗅觉；一旦机会出现，终结比赛。

我们满场飞奔，苦战五盘。三个半小时的鏖战中，我们的跑动距离达到整整3公里。很多分数我们都打得奇快。赛后，相比体能的消耗，我更感觉到精神上的疲惫。比赛中不仅大汗淋漓，情绪起伏也非常剧烈。许多球员在2比0领先的情况下遭遇逆转后，往往会输掉第五盘，因为要长时

◀◀ 我真的不知道应该想什么、做什么、去哪里、作何反应。我需要一点儿时间来接受自己取得巨大胜利的事实。我喜欢看向那块计分板。

▲ 仍然处于震惊之中，试图从胜利的狂喜中缓过神来。我把场边的椅子当成了帮助自己冷静下来的避难所。

间保持专注非常困难，状态下滑在所难免。幸运的是，我在第五盘坚持了下来。最让我高兴的是，这场比赛证明，即便我不在最佳状态，也能靠毅力取得比赛胜利。

弗格森爵士坐在贵宾席观看了比赛，赛后，我们聊了近 20 分钟。自美网公开赛上相识后，我们通过短信联络过几次。他经历过世上所有大风大浪，知道怎样屏蔽外界干扰，尤其是媒体，并集中精力做自己该做的事。不要在意别人的看法和观点，我们必须直面真实的自己。

很多时候，我们的话题都和网球无关。但每次和他的谈话，都让我受益良多。在体育比赛中，经验非常重要。而这个世界上，所有奋战于顶级联赛的人中，无人能出弗格森爵士左右。他知道什么东西会导致失败，什么因素让人无法掌控，知道怎样制造赢得比赛的机会。他说，你必须制定并执行正确的战术，除此之外，你还需要一点点运气相助。有时候，运气站在对手那边，你可能会输掉比赛。但只要将所有能做到的事做到极致，任何人都无法轻易击败你。在弗格森爵士麾下效力，一定是非常特别的经历。

比赛开始前，我就知道弗格森爵士在看着这场比赛。对手发球的间隙，我会扫一眼他身处的看台，我知道自己不应该为这些事分心，否则对比赛不利。我对自己的能力有足够的信心，我知道自己肯定能赢下这场比赛。当然，如果你知道大部分观众都站在你这边，就无须太担心注意力分散的问题了。

半决赛，我的对手是波兰选手耶日·亚诺维奇。他是 2012 年底的风云人物，在巴黎大师赛上一路过关斩将，杀进决赛。他在那项赛事中击败了我，我当时本已拿到赛点，但没能给他致命一击。

没人知道亚诺维奇对他职业生涯的第一场大满贯半决赛有着怎样的感受。就我的经验而言，我当时感觉离决赛只有一步之遥，而这一步似乎如一道天堑般难以逾越。

在我们的半决赛开打前，是德约科维奇和波特罗之间的一场经典战。他们的半决赛持续了 4 小时 43 分，打得十分精彩。轮到我们走进赛场时，已是傍晚 6 点 15 分，天已经黑了下来。我只希望赛场的灯光别出什么差错。

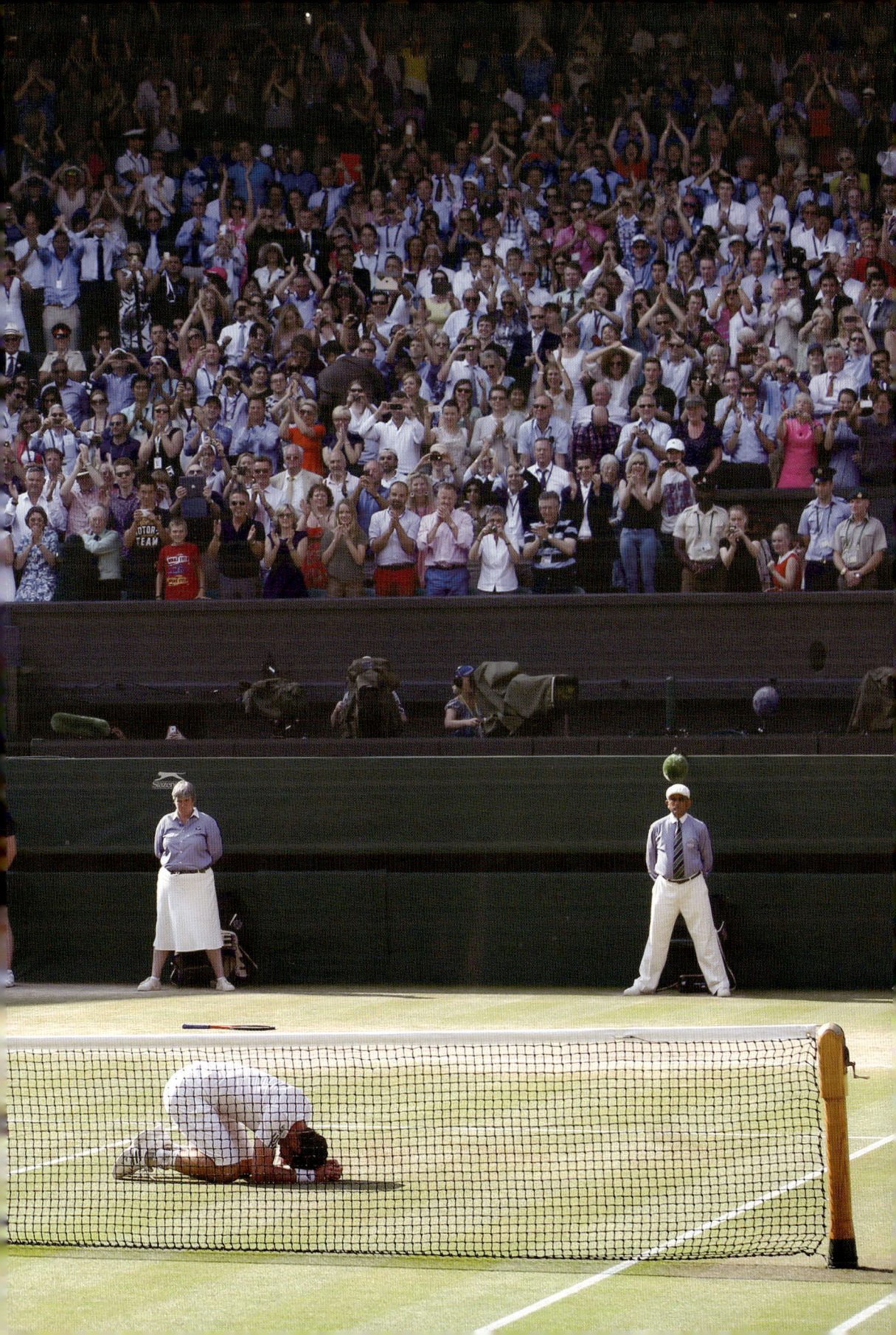

我的对手在他的第一个发球局中打出了时速139英里的发球，体现了必胜的决心。和亚诺维奇这样的对手比赛，重要的事情是让他们知道：你是来真的，无论他们怎么做，你都不会留下一丝一毫的机会。

第一盘，我输掉决胜局告负。我有些笨手笨脚，但这仅仅是第一盘罢了。第二盘，我破掉了他的第一个发球局。当时已经过了晚上8点，我能感觉到他因赛场不稳定的灯光而感到焦躁。在我看来，当时的灯光很适合比赛，但他却不停地向裁判抱怨。当我从1比4的情况下逆转赢得第三盘时，他又怒气冲冲地开始抱怨灯光问题了。我一直没有注意到主裁判安德鲁·亚雷特，但突然间，他出现在我面前。

"我们要关闭场馆顶棚。"他告诉我。

我以为他在开玩笑。仅仅因为亚诺维奇抱怨了灯光，就关闭场馆顶棚？为什么？我希望他向我解释这是根据哪条规定作出的决定，但就我记得的内容，他只不过说了一句："这是最公平的做法……我决定关闭它。"

当时真是相当混乱，但我们两个人都老老实实地暂时离开了球场。

回到更衣室，亚诺维奇马上开始打电话，回过头来想，这真是滑稽的一幕。这绝不是一次轻声细语的通话，他激动地冲电话里大喊大叫。我则回到我的团队中间，冲了个凉，随时准备回到比赛。这种事情，谁都会有些不高兴。当时是晚上8点40分，最适合晚间比赛的时间，我的比赛势头正盛，灯光也很适合比赛。我们至少浪费了半个小时的黄金时段。

▶▶

又一个"这真的不是在做梦吧"时刻。你可以从我的表情看出，我仍不敢相信这是真的。

但我必须放下那些不满，因为赛场上还有未完成的使命在等着我。我想赢得比赛，现在就想。回到赛场，我以令人满意的速度找回了状态。我第四盘的发挥棒极了。

如此，我又回到了温网决赛，对阵德约科维奇。这正是我所期盼的巅峰对决。

● ● ●

在奥运比赛中，即使输掉了决赛，你也至少能拿一枚银牌。大满贯亚军可没这个待遇。温网决赛，要么获得一切，要么失去所有。我在半决赛击败了亚诺维奇，这是我赢得温网冠军的绝佳时机。

赛前，我的状态很不错，但比赛开始前30分钟时，我又紧张了起来——团队里的每个人都很紧张。我知道，无论德约科维奇、纳达尔还是费德勒，任何人在决赛前都难免焦虑，但他们有过温网夺冠的经验，所以会好一些。去年，我输掉温网后，一度以为自己再也不会有第二次机会。对一个从没获得过温网冠军的选手，和一支从来没有获得过温网冠军的团队而言，我们的紧张程度达到了最高点；而这是在我的家门口举办的大满贯，家乡人民的期待几乎要把我们压垮了。

这项荣誉对很多人来说意味着一切，比赛开始前数小时，这样的紧张情绪明显在我的团队中弥漫开来。

我的力量和体能教练马特·利特尔为我进行了一次喂球训练。他将球从球场的另一边扔过来，锻炼我的眼睛对球运行轨迹的判断。但他把球扔得乱七八糟，到处都是。他太紧张了。

伦德尔在训练场上说的话也语无伦次。一会儿说球场草皮的颜色，一

▲ 我希望那天的所有球童们,都和我一样永远喜爱、记得那天。

会儿说球场的泥土和他最近打高尔夫的地方很像。整个交流过程他都心不在焉。

达尼·巴利韦尔杜陪我热身时打得心不在焉，很多球都失误了。

每个人都紧张极了。

回过头来看，我们的准备活动很糟糕，但情有可原。换做我，我的表现肯定也一样。一方面，我们巴不得比赛马上开始；另一方面，我们又希望它永远不要到来。

终于，运动员入场了。那条球员通道我走过无数次，所以我的心情迅速好了起来。我没有感觉不舒服，紧张感也消失得无影无踪。我对那条走廊的情况了如指掌，中央球场是我的福地，我在那里打过无数场比赛。我现在的感觉甚至比去年还要好。透过球员通道的窗户，我能看到观众席的情况。人们在看台四处走动，确认自己手里的门票与座位的次序。他们看起来心情愉悦，所以，我想我也应该高兴起来。

任何比赛的开局都非常重要，何况大满贯决赛。统计数据显示，赢得大满贯决赛第一盘的人，有更大概率夺得冠军。第一局，我拿到三个破发点。我想直接破发，在底线附近的击球也相当出色，但最终没能成功。

世界上最好的球员击球比普通选手更为干净利落，回过来的球伴随着美妙的呼啸。我需要一点儿时间来调整，德约科维奇的水平比我半决赛的对手强了一个档次。亚诺维奇的击球很有力，但球拍的触球部位不能每次都保持在球拍中心。他可能上一球还是一记干脆的制胜球，下一个球就挂网或是飞出场外，这种飘忽不定的打法让人紧张。德约科维奇不同。他的打法十分稳定，你知道他会一直把球打向他想要的位置，你知道这一回合会打很久。如果你的水平不够高，就会被他调得满场奔跑。

决赛那天非常热，一开始我就敷上了冰毛巾。我在炎热的环境下训练过，但回到英国的6周里，天气凉爽得很。在马德里的三场比赛都在晚上举行，气温怡人。我在罗马对阵马塞尔·格拉诺勒斯的比赛狂风大作。温网决赛前几局，打完一个长回合后，我甚至感觉喘不过气来。

如我所料，决赛中我们的击球都很深，经常在底线附近为夺取一分而上演大伤元气的鏖战。德约科维奇一直往中路击球，我们都深知夺取第一盘胜利的重要性。赢得第一盘就能取得极大的优势，我在第一局浪费三个破发点后，终于在第三局骗过他的判断，以一记反拍直线球破发成功。我们打了20分钟，场上比分仅仅是2比1。第四局，德约科维奇也拿到三个破发点，并在第二个破发点破发成功。

马上又轮到我接发球。德约科维奇轻松地拿到三个保发点，并在第二个保发点保发成功。接下来我奋起反击，在盘末发球局以完美的表现拿下了第一盘胜利。

第二盘的开局，我遭遇了对手的顽抗。我一度处于1比4落后的不利局面，我将

When Sir Alex Ferguson speaks, I listen. He understands how to block certain things out. What anyone else says and does is largely irrelevant.

▸▸ 当天晚些时候，出席冠军庆功会（这好像是我第一次戴领结）。对我而言，这是一个特殊的场合，成为网球大家庭的一员意味着很多。

比分扳至 2 比 4，并在第七局又拿到两个破发点，但对手连拿三分，来到保发点。接下来，我们又鏖战了激烈的一个回合，我破掉了他的一个发球，接下来他发球双失误，葬送了自己的胜利。3 比 4。

接下来三局过后，比分从 4 比 4 攀升至 5 比 5。第十一局，德约科维奇在 15 比 45 输掉后，和主裁就最后一球是否出了底线陷入争执。德约科维奇认为球出界了，但裁判没有喊。但鹰眼回放证明，我打的是一个好球。最后一局，我拿到两个破发点，第二次，我又迎来盘末发球局，并以一记 ACE 球拿下第二盘的胜利。盘数 2 比 0 领先，不错的成绩，但我的任务还远远没有结束。

这几天，我一直在注意观察我的对手，看自己能否判断对方的疲惫程度。德约科维奇的状态比其他任何人都难读懂。前一分钟，我还以为他很疲惫，但转眼他又精力充沛地满场飞奔。他的动作充满美感，耐力也堪称温网最佳。然而，这场重要的决赛中，打完一个漫长的回合后，我能感觉到他的体能有些跟不上了。我希望他能恢复过来，发挥出他的最佳水准。或许这种心态不对，毕竟我还从未品尝过温网冠军的滋味，但我希望在战胜德约科维奇之前，我们的比赛能打得更久一些。

第三盘开局，我不得不将击球范围延伸到我的整个半场。这让我感觉疲惫不堪。这场比赛是对体能的严峻考验，紧张感也在考验着我的内心。

至少，我已经看见胜利的曙光了。我猜这就像在跑一场马拉松，最后冲刺的时刻，比刚刚跑了 5 公里时要好得多，因为你知道终点就在眼前。同样，

When I finally sat down, I saw [tournament referee] Andrew Jarrett coming over. 'Have I got enough time to go to my family and friends?' I asked.

在只差一盘就能赢得比赛的情况下打球，比15分钟前我以1比4落后，可能还要打两盘半时要放松得多。现在，我已经到了自我施压，一口气拿下比赛的时候了。

这是你期待自己一整年的付出有所回报的时刻。值得庆幸的是，我并不需要在训练中过多打磨自己的移动步伐，但我还是必须一遍又一遍地重复它们。那样不够，我没有和团队提起这事，但现实是，如果你没法打出自己想要的球，移动再敏捷也没用。这就是顶级运动员与普通运动员的区别。虽然很多人的体格都非常强壮，但在赛场上，你必须在电光火石间打出兼备上乘技巧与准度的击球。那只能来自长年累月的实战经验，而且很显然，在我的职业生涯中，我都没必要操心这样的撒手锏。但这次，到我放手一搏的时候了。

我感觉自己开始读懂德约科维奇的动作，尽管在第三盘，我从2比0领先一度变成2比4落后。我凌空正手抽球，德约科维奇反手长球失误，我回破一局。接下来一局，我又在40比40的情况下用正拍和反手小球取得了胜利。

▲ 夺冠之夜后的第一个早晨。想到继伟大的弗雷德·佩里在20世纪30年代取得温网三连冠后,我是第一个代表英国拿下温网冠军的人,我感到有些害羞。我原本立下规矩,不在网球赛季期间读报纸,因为这会分散注意力。但那天早晨,我稍微破了一次例,而且读了很多报纸。

再下一局,我们各拿1分,这次我不得不满场跑。德约科维奇放了一个小球,我只好推击,他随后吊了一个高球,我迅速转身追球,把球打了回去。球迅速飞向德约科维奇,他来不及做出任何动作。30比15。

之后一球是最为残酷的一个回合。德约科维奇以一记势大力沉的正手将球击到我的正手区角落,我仓促中正拍将球救起,他又朝另外一个角落打出一记反手深球,我依然

▲ 我们必须致力于让更多孩子拿起网球拍。决赛后的周一上午,我访问了伦敦兰贝斯区,那里的人们对网球和体育充满热情。

顽强地把球打了回去，颇有意思。他不得不在身体不平衡的情况下打出反手截击，这次，我预判到了他的意图，迅速移动，正手击球制胜。

观众席上爆发出一阵欢呼。我现在已经把他们装在了心里，我能感觉到人们对我的支持、期待以及力量。我甚至希望他们到场边来看球。我喘得很厉害，德约科维奇也一样。下一分，他正手击球挂网。我记得当时他走向了场边的座椅，朝着自己的球拍袋踢了一脚。他很煎熬。而我，则要为自己的温网冠军发球。

● ● ●

惊心动魄的几分钟和几场平局过后，德约科维奇反拍挂网，我终于夺得了冠军。庆祝的时候，我发现观众们都冲到了场内。等我能坐下来喘口气的时候，我看到安德鲁·贾勒特走了过来。

"我能和我的家人朋友庆祝一下吗？"我问。

"别耽搁太久。"

我攀向自己的亲友团坐区，第一个走向了伦德尔。他的座位紧挨着德约科维奇的亲友团。我不是故意第一个挑他，但既然他是我第一个看到的人，就首先和他庆祝好了。

我忘了伦德尔有没有和我说点什么。我脑海里只记得两件事。我的叔叔尼尔，坐在后几排，不顾一切地冲上来和我击掌庆祝，他的身子使劲向前，胳肢窝正好压在了克里斯·霍伊爵士的脸上。此外，我没有看到妈妈，于是有人对我大喊："你妈妈，你妈妈！"我赶紧回过头，给她一个拥抱。颁奖典礼上的对话我也忘得一干二净了。如果你看过其他颁奖典礼，人们会说15分钟话，其他人想赶他们下去时就像一出闹剧。温网的颁奖典礼要简

▲ 决赛时,英国首相戴维·卡梅伦先生也在球场。第二天,我受邀访问唐宁街10号。我问他,为什么所有政治家都来了,包括自由民主党党魁尼克·克莱格和工党党魁文立彬这对老冤家。我很高兴自己的父母也能出席。

单得多,我回答了几个提问,答得还不错。

离开赛场时,一切都那样的狂热。我在阳台上向人们展示我的奖杯,看到人们为我、为他们自己、为这个国家而高兴的脸庞,是永生难忘的记忆。这种支持难以言表。

冠军庆祝宴会上,我换上了最好的衣服。菜单上的那些装在精致小碟子里的食物都不是我爱吃的,但看上去确实挺漂亮。最棒的事情是和网球大家庭分享胜利的喜悦。许多曾经的温网冠军都出席了晚宴,比如网坛传奇罗德·拉沃和玛格丽特·考特，他们在各自的职业生涯赢得无数荣誉，并为这项运动做出了极大贡献。

晚宴上，我只发表了简短的讲话。如此多大人物在场，我觉得自己没资格啰唆太多。把我和那些网坛传奇相提并论让我难堪，但能成为他们中的一员，又让我感到无上荣耀。

夺冠第二天依然疯狂。更多媒体蜂拥而至。我前往伦敦兰贝斯区和一些孩子打了打网球，做做网球推广，然后再次换上西装，拜访了唐宁街10号的首相官邸。我在门外与宅邸合了一张影，然后听到门开了，有人向我鼓掌。我回头一看，是英国首相戴维·卡梅隆。卡梅隆先生是一名狂热的网球迷，也喜欢打网球。我很高兴自己能够受到首相的接待，最重要的是，我的爸爸妈妈也见证了那一幕。我能看到他们脸上的自豪，他们一定在想："我的孩子已经长大了。"

第8章

人生？人生是一场冒险，一场旅行。途中，我感受过最强烈的快乐，也感受过最彻底的绝望。有过重要的胜利，也有过令人措手不及的失败。但人生中最重要的，是我交到了许多亲密的朋友。其中有些人，我知道他们会伴随我终身，从我事业起步阶段，他们就在我左右，他们是我团队的核心成员。中途加入团队的人，也教会了我许多东西，关于我的或是关于这项运动的。如果不算夸张，我想说，他们教会了我整个人生。

我人生中最重要的一个感悟

我与利昂·史密斯在法网青年赛中的老照片，拍摄时间约是2004年。他在我的成长过程中对我的帮助很大，并成了戴维斯杯中一名伟大的队长。

To win the tournament in front of my family who had helped me along the way was truly special. There's no way I could have done it by myself.

就是,你成长和生活的环境,将最终塑造你的人格。而教我分辨是非,将他们的价值观与我分享的人,则将继续影响我的余生。他们就是我的父母。

人们关注我的比赛,谈论着我是多么的幸运。然而,他们看见了我在赛场上的瞬间,却看不见我为了今天的成绩在场下十年如一日的苦练。如果说我有什么幸运的地方,那就是拥有如此伟大的父母。

年幼时,我和我的兄弟杰米几乎玩过所有我们知道的体育项目。我们非常好动,只想怎样和对方来一场激烈的较量,然后向对方炫耀自己的胜利。我们的父母也很喜欢运动,经常陪着我们一起玩,这感觉真的很棒。

他们都有着全职工作,父亲每天朝九晚五,母亲则在几个不同的地方担任网球教练。漫长的一天结束后,他们或许更愿意坐在电视机前放松,而不是带着我和杰米去玩网球、高尔夫或者足球什么的。但是,他们选择了和我们一起前往五人制足球场,玩一切能够在那里进行的体育项目,包括网球。时至今日,我能确定的一点是,如果没有父母当年的牺牲，我们就永远无法取得今天的成绩。

我和我的家人认为理所当然的一件事就是：我们从来没有假期。或者，我们和其他家庭的度假方式不太一样。小时候，当班上的同学说起去西班牙或别的什么地方时，其实他们从没去过国外。我和家人们曾在假期去过一次，但那并不是什么激动人心的旅行，因为我基本没什么印象了。其他假期，我们全花在了公园里。那并不是世界著名的旅游胜地，但年幼的我们绝对爱死它了。我们可以去游泳，踢五人制足球，玩网球……任何能想到的项目，我们不是已经参与其中，就是已经报名了。我猜，作为一个家庭，我们不喜欢把时间浪费在海边的沙滩椅上。

我的父亲至今还经常踢五人制足球或打高尔夫。由此可以想象，自从我和杰米长大成人，他过着何等悠哉的生活。至于母亲，她依旧教小孩子打网球。这是她永远无法抛弃的事业。妈妈最喜欢的事就是尽可能多地站在球场上。无论是启蒙那些初次接触网球的孩子，还是指导那些打算走上职业生涯的年轻人，她都愿意。因此，当人们说我的母亲太爱出风头时，我觉得很奇怪。她具备极强的好胜心，讨厌失败，或许我多少继承了这样的优点；但这样的性格有一点不好，就是无论你做得多么出色，她都不会夸你是最棒的。犹记当初与她一起参加北伯威克的一项混合双打让分赛，那时候我才10岁或11岁，但这丝毫没有影响她在球场上随着比赛的进行而诅咒发誓。我想，我同样继承了这一特点。

让我觉得幸运的，不仅是我的父母，还有我的祖父母。他们在我的成长过程中也起到了重要作用，每天把我和杰米从学校接回家，并专门负责一切网球活动的接送工作。这听起来或许不算什么，但别忘了，苏格兰可没有任何网球赛事。所以，周末时，他们要开五六个小时的车把我们送往英格兰参加那些小型比赛，然后再把我们接回家。我想，肯定有几次，他们都感到筋疲力尽，但他们从未在我们面前表现出来，或希望我们为此感到内疚。无论我们想做什么，无论我们想去哪里参加比赛，他们都乐意随时效劳。对我们来说，他们真的非常重要。

听起来有些俗套，但我的家人永远不在乎我们是输还是赢。他们只希望我和杰米平安快乐。他们希望我们懂得自我施压，但一定要力所能及。如果我们透露出一点想要停止的迹象，无论是一时冲动，还是认真考虑过，他们都会理解。每个人都需要这种无条件的支持，而我对此心怀感激。

杰米12岁时，去了剑桥的某个草地网球协会，那是非常糟糕的经历，我认为它毁掉了杰米的网球。这是杰米发展过程中的一次灾难。从他那个年龄段的欧洲最佳球员到泯然众人，杰米只用了6个月。这极大地打击了他的自信心。鉴于我们从小就相互竞争，一起较量过那么多次，我知道这是他难以承受的冲击。

他从那里回来后，我们看到了这次经历对他的恶劣影响，随后是否送我去西班牙，成为摆在父母面前的一个重大决定。再一次，这件事证明了我拥有这样的父母是多么幸运。杰米的遭遇就发生在他们眼皮底下，于是他们对我说："你绝对不能去那里。"他们依然相信我，相信我的梦想。最终，他们同意我前往，同意我追随内心的方向。现在的一切证明，那是我职业运动生涯过程中，最为关键的时刻。

坦白地说，前往桑切斯网球学校是我人生中的重大决定。对处于成长期，渴望测试自己极限的我来说，这是走向独立的关键一步。更重要的是，我认为这是最适合我发展的方式。听起来有些自大，但这是不可或缺的一环。或许你认为这是我一厢情愿，但真的，如果你想跻身最高水平的比赛，你

▲ 这是我在最重要的温网之日拍下的最喜欢的一张照片。我在庆功宴上和爸爸妈妈分享喜悦。

必须学会独立。离家求学是一件困难重重的事，因为我必须离开自己所熟知的一切。有时候，我会觉得很想家，但我也很高兴最终坚持了下来。但背后还有另一个故事，我基本上失去了对所有酒类的味觉。因为某个晚上，我做了一件非常愚蠢的事。我可不打算把这个故事写出来，反正我从此就对酒精过敏，但这无伤大雅。

　　2013 年，我最为珍惜的一幕，就是我的父母在温网冠军庆祝晚宴上的模样。父母分开而坐，但至少他们都在。妈妈、爸爸，还有爸爸的女友萨曼莎·沃森，大家愉快地坐在一起聊天。心碎大满贯那么多次以后，那真是一个美妙的夜晚。在一直支持我的父母、亲人、朋友面前夺得温网冠军有着非常特殊的意义。那一刻，父母的牺牲、祖父母的辛劳和远走西班牙的重大决定，都得到了最好的回报。我想要感谢他们，也想感谢我的团队。没有他们，我不可能取得今天这样的成绩。

　　人们在评论陪我一同满世界飞的人时，把他们看作我的随从，那太荒唐了。在我的团队中，每个人都起到了独特的作用，无论是让我保持积极情绪，还是让我保持健康的体格。我还要说说其中最核心的人，我的女友，金。

　　我和金的初次相识，是 2005 年的美网公开赛。当时她正在度假，陪伴他的父亲，也就是达妮埃拉·汉图楚娃的教练奈杰尔先生前来参加女子职

◀◀ 轻松一刻，我和金在一次聚会活动中。

业网球巡回赛。她明白职业网球选手承担的压力,这对我很有帮助。对普通人来说,网球是一项非常疯狂的运动,有时候我自己也这么觉得。她明白这种感受,他父亲也在英国草地网球协会任教,手下也带了几名运动员。我和她是天作之合。

2006年,我在哥斯达黎加首都圣何塞赢得首个赛事冠军时,金也在场。19岁的我或许还有些天真,但能维持一段长久的关系真的不容易。我在全世界的大城市间辗转,每天都遇见新的人,这很容易改变一个人的心。但金总是在我身边默默支持着我,她发自真心地关心我,为我处理许多事务——这就是我们迄今为止都能如此亲密的原因。

在赛场外,我和金相处得很愉快,所有的烦恼和压力都在此时烟消云散。金也知道我什么时候想一个人静一静,什么时候需要陪伴。听起来,我似乎更喜欢独来独往,但实际上,我的大部分时间都是和金一起度过的,这才是常态。无论在赛场还是在家,无论是熄灯就寝还是睁眼迎接新一天的阳光,金都在我身边。赢球时的狂喜,输球时的悲伤,金都与我共同进退。她懂得我的感受,也了解我的内心。

如果你和我团队中最核心的五个家伙待上一会儿,你会发现,他们非常喜欢相互逗弄、相互竞争。这是一个由真汉子组成的团队,到处都弥漫着雄性激素好斗的气息。但在这之外,我还有美丽的金,由她负责安慰我最私密的情绪。金能一眼看出谁想从我这儿狠捞一笔,谁接近我是为了一己私利,那种人不在乎我的网球事业,而是暗自揣度我是怎样的人,能够为他们带来什么样的好处。我身边时不时会有陌生人提出与我合作,这让我感到有些不安。我是放下防备允许其加入,还是因为某种顾虑而拒绝他们?金会帮我处理好这些。

When you have a tournament coming up, you need someone who is on top of all the details to allow you to focus solely on your game. Dani Vallverdu does all of that.

我们的爱好相似：喜爱旅行，不会太恋家，喜欢狗。当我们开始喂养第二条狗时，这就像我们两人的一份承诺，因为一条狗已经需要主人花费许多精力去照顾，养两条更是非常艰巨的任务。这和抚养孩子不同，但二者有时也有些类似。

终有一天，我将成立自己的家庭。我想，如果条件允许，大多数人都乐意成家，但我很清楚抚养孩子是一件多难的事。我现在得开始考虑这些事了，毕竟我和金在一起已经 8 年了。我的网球生涯可能也已过半，我需要考虑自己退役之后的打算。但这一切的答案只能交给时间，以及当那天到来时我身处何地。我知道，费德勒多次说到他有多么渴望自己的孩子能看到自己打球的样子。我不会为了类似的愿望而不顾一切。当我放下球拍、组建家庭时，我将尽自己的一切努力去成为一名好父亲。这对我很重要。

除了金以外，我身边还有达尼·巴利韦尔杜。每支团队都需要一个常数，都需要一个基石。达尼就是我的基石。在我的团队中，我往往只会和一名物理训练师合作几个星期。最近几个月，我合作过的物理训练师更是数不清。包括伊万·伦德尔，他也只会在关键时期和我待上几周。但达尼陪我走过了整整三年的路程。达尼只有 26 岁，但职业素养深厚。他做的事远比陪我练几个回合的网球要多，很少人知道一名职业网球运动员的日常生活是什

◀◀ 和金分享我的奥运夺金时刻。

么样的，但实话说，那很复杂。

最开始，有至少 500 名网球手希望找一份陪练的工作。我必须在恰当的时间找到一块合适的训练场，并拥有最好的陪练。你得把球整理好，并确保自己的陪练不会落下任何东西。对整个团队而言，最重要的事情是当我需要他们时，他们会立刻出现。

他们必须拥有一项素质：愿意服从像伦德尔这样的人的安排，并一丝不苟地执行自己的任务。权威对一名教练而言是最重要的东西。

如果这让达尼听起来像个木偶，我必须澄清，事实并非如此。他会发出自己的声音，对事情有独特的看法。伦德尔对他在团队做出的贡献十分赞赏。达尼每年和我一起工作 40 周。每周都是满负荷工作，没有假期。他对小细节的处理十分得当，正是他这种"积跬步以成千里"的精神让我们最终走到了今天。正因为达尼的努力，我从未在训练中偷过一次懒，也从未想过让别人顶替他的工作。每次训练前，他都会查看天气预报，确保我们不会制定 2 个小时的训练计划后却因为一场暴风雨而泡汤。如果真的不幸发生了这种情况，他也早就预定好了室内球场，并为我安排好了一位喜欢打室内网球的陪练。

当我需要为一场赛事做准备时，无论是温网、美网这种大满贯赛事，还是其他小型赛事，我需要一位能替我掌控全局的人，这样我就能够一心一意地扑在比赛上。达尼把所有责任都揽了过去，他非常懂我。我们 15 岁时就认识了。无论在比赛中还是在练习场上，我什么时候会生气，什么时候会沮丧，他都一清二楚。一旦我为某些鸡毛蒜皮的小事唉声叹气，或在比赛前感到紧张，他都会过来和我谈谈，为我化解心结。身边有他这样的小伙伴真好。

我和达尼有一位共同的朋友，来自秘鲁的卡洛斯·米耶尔。我在西班牙与他相识，我们三人成为最好的朋友。在我们相识的10年里，一切如故。由于网球运动的特点，我们的朋友圈都不会太广泛。当你绝大部分时间都在外忙碌时，回家的时间就不会再有兴趣见20个不同的朋友了。我们是一个很小的团体，每个人都非常重要。卡洛斯、达尼和我在网球学校里几乎穿一条裤子长大，形影不离。我们是永远的好朋友，和卡洛斯在一起你会感觉非常有趣。更重要的是，他根本不在乎我是排名世界第一还是世界倒数第一。如果我取得成功，他当然会替我高兴，一旦失败，他对我的友谊也丝毫不会改变。这正是我喜欢他的原因。对他来说，重要的是我这个人，而不是我的成绩。

但我整体的身体状态并不是由达尼负责，这是耶斯·格林和马特·利特尔的工作。他们竭尽全力让我的身体保持在最好的状态。他们为我制定锻炼计划，并时刻关注我的身体状况；同时，他们也给予了我非常重要的心理支持。

我在几年前雇佣了耶斯。他从事网球多年，拥有精湛的专业技能。马特稍后加入了我们。他们之间的交流很好，都明白在不同情况下我的身体应该保持什么样的状态。他们共同承担着这一责任，我想，他们很享受彼此之间的合作关系。他们深知网球运动的发展特点，所以会用尽毕生所学来让我保持状态。有时候从训练场出来，我已经累得精疲力竭，但依然会被他们扔进健身房。我情绪低落地告诉他们，我太累了，今天不想练。他们会认真地听我的话，或许对我的抱怨会有所动容，但他们同时也知道，如果我想赢得重大比赛，就必须吃这样的苦头。面对我的抱怨连天，他们常说："20天内，你一定会感激我们的所作所为。"确实，他们总是对的。

或许我应该雇佣一些对我不那么严厉的家伙，那样在我抱怨太累的时候，他们会任我偷懒；但我真正需要的不是那样，他们也清楚。我和这两位有着极好的关系，他们都是我很好的朋友，对我非常坦诚。他们会敦促我，推动我更努力地工作，但在我需要放松时，他们绝不会让我把自己逼得太紧。这很重要，对度的把握，只能建立在他们对我的舒适区和极限程度把握得非常准确的基础上。当我的身体某部分疲惫的时候，他们会找出另外一项我能进行的训练，这样我就不会感觉训练太过枯燥，或者愚蠢。

身体锻炼每天都在满负荷进行，这很特殊。最重要的是，它对我很有效。我经历过许多残酷的训练，也曾在许多极为严苛的条件下训练，他们始终关注着我，与

The training is full on. It is specific. And most importantly, it works for me. I have done a lot of brutal sessions and trained in some really tough conditions.

我一同承受那些失败的时刻,但随后,他们一定会做些什么,让我重回正轨。或许,在我遭遇暂时的挫折时,他们也曾怀疑过自己的训练方法吧,我不肯定。但和他们一起分享胜利的时刻,真是太美妙了。伦德尔知道身体训练对我的重要性,但他不会参与其中。两个小时的网球训练后,他就会离开。然后我拖着一身的疲惫去健身房找耶斯。你可以欺骗自己,不去做这些。但如果你想赢,就必须承受这些痛苦,咬着牙也要完成这些训练项目。他们很清楚这一点,我们都很在意对方的感受,但他们的首要职责,就是确保我完成那些训练。

马克·本德尔也是我的老朋友。我的背部曾对我造成过一段时间的困扰,我需要接受物理治疗。马克为我介绍了一个叫安迪·爱尔兰的家伙。在诊所见到爱尔兰的那一刻,我看出他与本德尔一定相识已久。爱尔兰对我的治疗很管用,为此我很感激马克。

马克曾在戴维斯杯期间担任我们的理疗师,他曾在我15岁时严厉地批评过我。我对此记忆犹新。杰里米·贝茨是当时的领队,他把我派往了奥地利。在双打比赛中,我对裁判的一次误判发出了嘘声。结果马克瞪着我说:"你以为自己在干吗?!"后来,我向他提起这事时,他觉得那是他做过的一件大蠢事。但从那之后,我再也没有质疑过裁判的判罚。

约翰·德·比尔是蒂姆·亨曼的合作伙伴。他曾在英国草地网球协会供职,这些年他为我提供了诸多帮助。我通常会在网球训练前40分钟见一次理疗师,然后晚上再花一小时做点别的什么——至少有一半时间我都花在了自己的背部。我们在健身房的练习项目,都是针对我身体特定部位的灵活性制定的,同时巩固其他部位的力量。这是防止伤病的基础工作。长年累月,我为此花了不少心血,而这些付出是赛场上看不见的。人们以为我们只是简单地出场比赛而已，但对我来说，大满贯赛前的那段时间尤其漫长。我要进行网球训练，然后做 90 分钟的重要恢复训练；要满世界奔波，参加赞助商组织的活动；然后还要应付媒体——时间根本不够用。

我的人生中，有许多人对我产生过不同的影响。其中有一位重要人物，利昂·史密斯。他是我 12 岁到 17 岁时的网球教练。在那个年龄段，教练和球员间的关系非常特殊。他教会我享受网球的快乐，我喜欢和他一起到远离家乡的地方进行比赛。那时候利昂先生也非常年轻，我们两人都是网球界的菜鸟，但正因如此，才让我们的旅程更像一场激动人心的冒险。我还记得自己第一次膝盖受伤时，他就在我身边，并给予了我最好的建议。但后来，我的膝盖伤历经数次恶化，我想我本应尝试求助其他人。膝盖的疼痛会越来越糟糕，但最严重的是，它将最终让我无法行走。

终于，在西班牙大加那利岛的一场比赛中，我以两个 0 比 6 输给了捷克选手扬·马西科。那场比赛中，我的膝盖几乎无法弯曲。由于比赛的医疗措施不太健全，我只能用冰敷来缓解疼痛，而那的确很有效。此后，我整整 7 个月没有再摸球拍，甚至一度面临退役的威胁。每一天，利昂都会来陪我，倾听我的心声，并给我一些建议。他不是那种给你一个肩膀哭泣的人，但他是一个值得信赖的朋友。

作为一名教练，利昂前途无限。他聪敏好学，积累的经验一天比一天丰富。我认为他在调教年轻运动员方面很有一套。我的每个阶段，他都亲身参与。他能看出 12 岁以下或 14 岁以下的球员中，哪些有成为职业运动员的潜质。我们在戴维斯杯取得的成绩很好地证明了这一点，由他挑选出的队员都取得了相当不错的成绩。早些年，我们在考文垂对战俄罗斯队。丹·埃文斯和詹姆斯·沃德从第一天的惨败中恢复过来，痛击排名远超他们的德米特里·图尔苏诺夫和叶夫根尼·东斯科伊。这要归功于利昂的赛前动员。他总是能在正确的时间说出正确的话，安静地分析比赛，不会把任何事弄得复杂。他后来在英国草地网球协会取得的成绩也十分耀眼，但我对此丝毫不感到意外。

回顾我接受过的所有物理治疗，和所有与我在网球上合作过的人，我希望自己在年轻时能够更好地照顾自己。网球是一项越来越困难的运动，在二十几岁时，尤其容易受到伤病的困扰。18岁的时候，我们年轻力壮，不怕苦不怕痛，受了伤也能快速恢复。我就是从那个年纪正式踏上职业赛场，每天都经历着艰苦的奋斗。一走就是8年，这些时光会把你折磨得筋疲力尽，尤其是在硬地球场。

这就是为什么我认为他们应该减少我的硬地赛，适当延长我的草地赛季。硬地球场会对你的身体造成极大损害，等你到了二十多岁，就能明显地体会到这一点。过去的网球元老们都是天赋绝伦、功勋彪炳的传奇运动员，但他们只需要在草地上打大满贯。网球运动或许不会再回到那个时代，但我觉得多打一些草地赛事是很好的事情。我很高兴在2015年的法网公开赛和温网锦标赛之间有三个星期的间隔，这是全英俱乐部做出的明智之举。现在网球界已有呼声，把美国的一些赛事改为在绿土球场进行。那样的话，我们或许就有了四种场地的大满贯：红土、绿土、草地和硬地。我想，这一定不是件坏事。网球运动本身就在不断发展、前行。如果你告诉以前那些使用木质球拍的人，我们现在使用的是碳纤维复合球拍，能够把球击得更快更远，他们一定会惊讶不已。但正是这种改变让网球成为了一项伟大的运动。它总是在进化，而作为专业运动员，我们本身就是这种进化过程中的一部分。

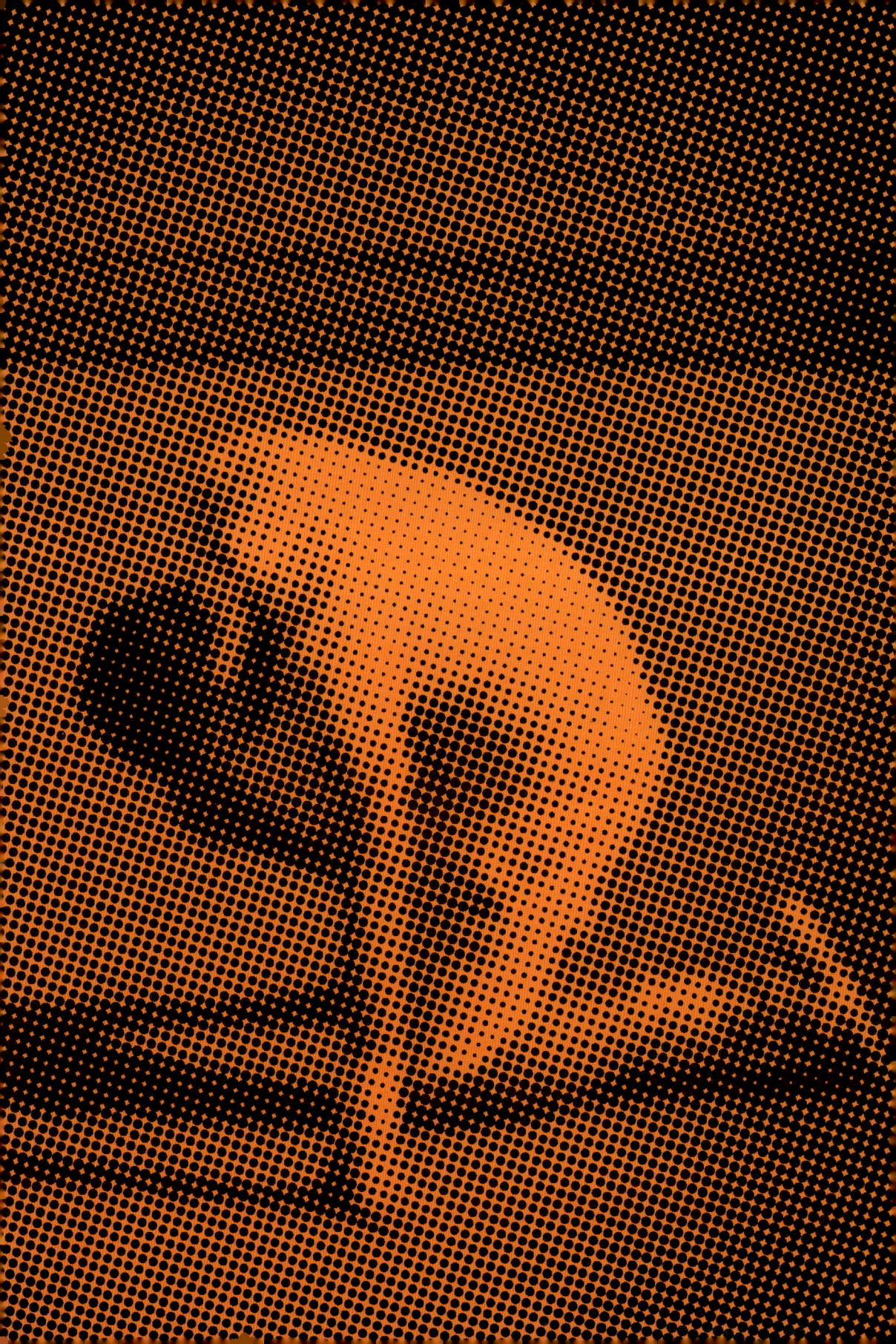

第9章

夺得温网冠军后的十天里，我感觉一切如此不同。我的精神更为洋溢，走路更加昂首挺胸。历经千辛万苦，终于夺得一项温网冠军的我有了更多自信。我曾承受了太多压力，终于征服了横在我眼前的那座高山。此刻，我只想好好地享受这种滋味。

夺冠后，我和金在酒店住了好几天，因为有太多的事要处理。回到家时，我们都快累崩溃了。我们好好在家宅了几天，然后动身前往巴哈马群岛度假。

第一天，我们去了海滩，在那里打了一会儿沙滩网球。第二天早晨我们醒来时，手机里满是朋友们发来的短信，说网络上到处都是偷拍我们度假的照片。我和金的反应是一致的：这辈子再也不去海滩了。这很令人难堪，我们的酒店就在海滨，但从未想过会被人偷拍。我们一直等到度假的最后一天晚上7点才重新出现在海滩散步，偷拍我们的那个人依旧恭候在那儿。我散步的时候，瞪了他差不多有10分钟，他只能罢手，悻悻而归。我很讨厌这种骚扰，上街或签名的时候，我不介意别人拍照，但跟踪偷拍我的假期是绝不允许的。

弗雷德·佩里是网球史上最伟大的球员之一。他拿过所有大满贯赛事的冠军，并取得过温网三连冠。我很自豪成为他的接班人，我希望他也会以我为荣。

现在，我终于能够谈谈自己在温网的成功，希望对促进网球运动在全世界的发展有所助益。我不确定自己的胜利能否激励了新一代的网球人，但哪怕有一点儿帮助，我也会感到无上荣幸，仿佛占了大便宜。或许会有更多人投资网球运动，并为它做些事情。

我当然不会自大地认为，自我赢得温网冠军，就能让英国的年轻选手在各项赛事中有如神助。但如果这能给像丹·埃文斯和詹姆斯·沃德那样的球员带去些许力量也是功德一件。无论面临着多么重大的赛事，我能让他们或其他运动员在步入球场前带着更强的自信，那就太好了。能为英国网球的未来做出一些贡献，我感到非常满足。我现在很乐意给年轻人一些建议，当我退役时，我也希望自己能继续致力于英国网球事业的发展。

对未来，我十分期待。我希望自己能享受接下去的职业生涯，因为我再也不会遇到像 2013 年温网锦标赛这样特别的赛事了。某种程度上来说，这让人有些沮丧，但换一个角度，我也很高兴自己再也不用承担那些让人喘不过气来的压力。这会对我有所帮助，但即使是承担着大多数人难以想象的重压，我也打出了最高水准的网球。我想不断尝试，取得更多成就。我依旧会努力工作，希望上天眷顾，让我的身体和健康能支撑我在这条道路上多奋战几年。

赢得温网女单冠军后，玛丽昂·巴托丽从网坛退役，这说明没有什么事是理所当然的。这是对巴托丽职业生涯最好的结局，她将永远铭记这一刻。对我来说，成为 77 年来首位夺得温网冠军的英国人，我做了什么不重要，重要的是我将永远记住那一刻。

如果巴托丽在温网后没有再参加那次辛辛那提大师赛，或许她的职业生涯能就此完美谢幕。但她必须出现在辛辛那提，她想确认自己是否真的

The number-one ranking does not motivate me, it really isn't what I am all about. What drives me is winning the Grand Slams, that's what I train for.

已经对这项运动失去了动力。在辛辛那提大师赛的数百名观众面前打球，完全无法与人山人海的中央球场相提并论。但这并不意味着辛辛那提不重要，巴托丽已经发挥到极限了。作为一名职业球员，她在众目睽睽之下，做了自己能做的一切。对丹·埃文斯而言，如果他的极限是世界排名前50名，而且他也已经做到了，那么别人就无法苛求更多。全世界能够为这项运动付出一切、达到极限的人并不多。只要尽了全力，就没有什么好遗憾的。

伊万·伦德尔在球员生涯中为达到网坛一个又一个的高峰付出了难以想象的努力。现在，他又继续证明着自己是一名顶级教练。最优秀的运动员未必总能成为最优秀的教练，但伦德尔做得棒极了，或许他和别人合作未必能取得这样辉煌的成绩。我们有着很好的默契，但一名伟大教练的特质在于，能够与任何人合作，并调整自己，适应球员的需要。他是一个灵活、聪慧的人，对网球比赛有着深刻的洞见。自退役以来，他在很长一段时间内没有再密切关注过网球界的动态。他说不出几个现役运动员的名字，也不知道这项运动发生了怎样的变化。现代网球充满了更多的冒险，但在技术层面上，他那个时代的球员要比现在的球员更优秀，比如截击，那时候的球员更喜欢接近球网。

伦德尔很好地适应了教练的角色。我很高兴他能以这种方式重返网坛，回到人们的视野。我想他也一定很享受这份工作，之前他从网坛销声匿迹

Perhaps I won't be able to fully appreciate my achievements until the day I say, that's it, I've done all the work I could have done. That won't be for some time yet.

已经太久了。他有5个优秀的女儿,她们都有着自己深爱的运动项目。我想,他也很喜欢和达尼共事,达尼就像他的儿子一样,我对他来说,也同样如此。

相比以前,伦德尔教会了我从失败中学到更多东西。他总是向我敞开心扉,告诉我他的真实想法。在网球界,教练和球员很难建立起这样的关系。通常情况往往是一切都由球员说了算,教练太坦诚反而是给自己添堵。与伦德尔共事,事情就简单多了。我努力训练,他就会开心;我偷懒,他就会失望。两种感受他都会毫无保留地告诉我。

如果我输掉一场比赛,伦德尔不会太过失望。2012年我在温网决赛中丢了冠军,伦德尔却告诉我,他为我的战斗方式感到骄傲。因为我并不是一味地防守,而是一有机会就主动进攻。这是我在大满贯决赛中第一次以那样的方式打球。是他改变了我面对重要比赛时的心态。

人们总认为伦德尔过于冷漠,在我的比赛中从来不发一语。但在美网和上一次的温网决赛中,他表现得激动万分。一旦他罕见地表露了自己的情绪，我总是会受到鼓舞。看看第二次温网决赛吧，我能告诉你，伦德尔当时很紧张。我很高兴他出现在了我的赛场，并做了一切他能做的事。比赛过程中，他不停地坐下，站起，坐下，站起，和大家一起鼓掌，不停地和达尼说话。整场比赛他们都说个不停。

我能看出来，在他的心里，那场比赛有多重要。温网前5轮，他在观众席上一动都不动。但比赛进入冠军争夺战，那个他曾经奋战过的舞台，伦德尔就无法淡定了。这就是他渴望回归网球界的原因，他想成为最好的教练。能在决赛舞台上再次看到他的身影，我由衷地为他感到高兴。

他是一个性格沉静的人，平时话不多。有时候，我很想看到他流露出一丝情感的波动，但经历过大风大浪的他早已学会了隐藏自己的感情。那已成为他的天性。那就是伦德尔，你必须接受。同时，他也希望我能学会克制情绪的波动。关于这一点，虽然我现在做得比以前要好，但水平依旧不高。

每年温网开始前，人们都说这是一场体育盛会，是这个时代最伟大网球选手间的宿命对决。而英国选手在冠军行列的缺席，始终是一个小小的遗憾。我很荣幸能够改变这一境况。这是一个很好的故事，能够激励网球的下一代，我很高兴自己是这个故事的一部分。

在我赢得温网冠军之前还有一个改变，就是我成为了全英俱乐部的正式成员。他们数年之前向我发出过邀请，但我拒绝了。我并不想有所失礼，但我从来没有用过那里的设施。我没有在那里进行过体能训练，也没有进行过网球训练，更不会有事没事地在那里闲晃。我不想因为他们给了我会员资格，我就感觉自己好像有义务出现在那里。2013年，我和全英俱乐部管理委员会的蒂姆·亨曼坐下来好好谈了一次。他说他们再度讨论了邀请我加入俱乐部的事宜。他向我保证，全英俱乐部绝不会向我提出任何强制性的要求。于是我说："那好吧，我加入。"

这是一次相当正确的决定，因为在我需要安静的训练环境时，全英俱乐部都能为我提供。那个地方很爽很舒适，而且在我成为冠军后更爽更舒适。

我并不是因为想成为世界第一的选手才奋战到今天，那并非我的全部。真正驱使我前进的是赢得大满贯冠军。成为世界排名第一的网球运动员很好，但我认为自己职业生涯的意义在于大满贯。这种事不是我自己说了算，而是取决于一直以来我所承受的压力、期待和质疑。否则，即便有朝一日我的排名上升到世界第一，人们的反应也将是："好吧，他的确排名很高，但这没什么了不起，因为他没有赢过大满贯。"所以，在大满贯问题上，我只有一个理念：成王败寇。

我还能确定的一件事是，即使我还能在接下来的澳网公开赛夺冠，并集温网、美网和奥运冠军于一身，我离世界第一还差得远着呢。所以，我的动力绝不会来自于那种基于特定算分系统的排名，而是来自自己在大满贯上的表现。我为大满贯而训练，大满贯则一直激励着我前进。

回过头来思考，赢得温网冠军是我一生的成就。我现在能说，我达到了自己毕生所致力的目标，这种特别的事一生只有一次。是的，这项荣誉有目共睹，人人都会开始崇拜我。我会被说成是那种与众不同的传奇，虽然我自己并不这样觉得。

或许我不应该满脑子想着自己已经取得的成绩。我应该放松下来，尤其在2013年的美网公开赛上，我感觉有些紧张。现在，拜上次温网冠军所赐，我身上的压力发生了某种微妙变化，令我猝不及防。我在纽约没能发挥出应有的水平。这让我感到难受。我在四分之一比赛上输给了瑞士选手瓦林卡。瓦林卡打出了自己有史以来的最高水平，他配得上那场胜利。虽然这次我不在状态，但我一定会在日后强势回归。而且，只打到四分之一决赛就算彻底失败吗？我并不这样想。

美网公开赛的压力变化让我有些心神不宁。无论你取得过怎样的成就，自我调整都是一个永恒的任务。网球就是如此。费德勒17岁就赢得了大满贯冠军，然后问题就成了："接下来干什么？"纳达尔和德约科维奇也遇到过一样的问题。德约科维奇遇见了他人生的导师，曾执教过伊万·伦德尔的菲巴克，菲巴克帮他找到了接下来的人生方向。我们从来不是一成不变。

除非我认为自己已经做到了这一生该做的一切，没有任何事再值得我艰苦付出，否则我就不应沉浸在对过往成绩的自我欣赏里。这样的时刻，在相当长的一段时间内都不会到来。我的未来还有许多计划。我成立了自己的公司——77，在未来，我会签约自己的球员，甚至赞助某些赛事，谁知道呢？随着时间推移，挑战也在不断变化。对我来说，人生的挑战永无止境。

我在2014年最为期待的是再次代表英国队出征戴维斯杯。2013年9月，为了晋级，我们在克罗地亚打了一场出色的比赛。在英国队内，我总是能感到强烈的归属感。许多处于不同层面的人都为这项赛事努力付出，因为凭借戴维斯杯，我们都渴望展示出代表英国的真正意义。这和你代表自己在一项赛事上单打独斗不一样。我在赛场上单打独斗时，我知道观众席上有支持我的阵营，我对此很感激。但代表祖国参赛，那种支持感无处不在。

利昂·史密斯是一位伟大的队长，每个人都对他很尊敬。我很喜欢团队中促进友谊的氛围。我希望在克罗地亚打满3天比赛，虽然条件不太允许，但只要能帮到英国队，我一定会这样做。

第一场单打比赛由我对阵伊万·多迪格。在我的第三个赛点上，现场观众因为裁判对多迪格之前的一个判罚闹成一团。多迪格认为球打在了界内，但我知道它肯定出界了。裁判也和我持同样观点，但观众们不大高兴。好吧，反正我已经打过温网决赛的发球胜赛局。所以我只是简单地笑了笑，发球，激战，然后赢得比赛胜利。

2013年，我度过了许多难忘的时刻，每个人脸上的笑脸凝成我脑海中的一幅画，我将永远珍惜那些时光。

当然，这样的小插曲也让我的状态卡了一下，我又产生了之前在中央球场上的胡思乱想：如果我赢了第3盘第10局比赛会怎样呢？如果德约科维奇拿到了三个破发点中的一个，把第三盘的比分扳成了5比5会怎样？这些问题总是时不时地从脑海中冒出来，困扰着我，但很显然，没人知道答案。我在温网拿下了赢得冠军的那一分。我扔掉了球拍，扔掉了球帽，向天空挥拳。那种感觉永远伴随着我。

那天，我带给很多人喜悦。不仅是我的朋友，我的同事，我的支持者，还有媒体。我听说，世界上许多从未见过我，从未了解我，但知道我的奋斗史的人都为我感到由衷的高兴。他们的支持，对我意味着很多。

在我取得克罗地亚的胜利后，我决定最终检查一次自己背部的伤势。我想，我必须给自己一些恢复和休息的时间，毕竟2013年我一刻不停地运转了整整40周。所有球员都要懂得休息，这样才能最好地管理自己的身体，并在职业生涯中发挥出最高水平。

我做了一个简单的微创手术。所以，对我来说，最重要的是康复。我终于有时间休息一下，等待身体康复，然后回到迈阿密准备新赛季。过去一个赛季发生了太多事，我甚至没来得及停下来好好品味一下那种感觉。我等不及以最好的状态重新回到赛场。当麻醉效果过去之后，我醒来的第一句话是："我赢了吗？"

我这一生还有许多事要做，但我希望永远记住2013年温网中央球场的那短短的11分钟。那是对我职业生涯的肯定，是我整个人生的写照。开始轻松顺利，接下来一次又一次的蹒跚前行、跌倒、爬起、跌倒、再爬起、跑、跑、跑……为了梦想而冲刺，做出自己的选择，继续前进；选择自己的位置，昂首站立；击球，赢得比赛。这就是我，真实的我。

附 录

安迪·穆雷杀进决赛的大满贯及奥运会网球比赛完全数据

澳网 2010

第一轮

罗杰·费德勒 (SUI) [1] 击败伊戈尔·安德烈耶夫 (RUS) 4-6 6-2 7-6 6-0

维克多·哈内斯库 (ROU) 击败胡安·伊格纳西奥·切拉 (ARG) 6-4 6-3 7-6

斯特凡纳·罗贝尔 (FRA) 击败波蒂托·斯塔拉切 (ITA) 6-3 7-6 7-6

阿尔韦特·蒙塔涅斯 (ESP) [31] 击败奥斯卡·埃尔南德斯 (ESP) 7-6 2-2（埃尔南德斯退赛）

莱顿·休伊特 (AUS) [22] 击败里卡多·霍切瓦尔 (BRA) 6-1 6-2 6-3

唐纳德·扬 (USA) 击败克里斯托夫·罗胡斯 (BEL) 1-6 7-5 6-2 6-4

马科斯·巴格达蒂斯 (CYP) 击败帕奥罗·罗伦兹 (ITA) 6-2 6-4 6-4

大卫·费雷尔 (ESP) [17] 击败费雷德里科·吉尔 (POR) 6-0 6-0 2-0 (吉尔退赛)

费尔南多·沃达斯科 (ESP) [9] 击败卡斯滕·巴尔 (AUS) 6-7 7-6 7-5 6-2

伊万·谢尔盖耶夫 (UKR) 击败杜迪·塞拉 (ISR) 6-3 7-6 4-6 7-6

斯特凡·库贝克 (AUT) 击败拉杰夫·拉姆 (USA) 6-3 3-6 7-5 1-6 3-6

伊万·多迪格 (CRO) 击败胡安·卡洛斯·费雷罗 (ESP) [23] 2-6 1-6 6-4 6-1 6-1

胡安·摩纳哥 (ARG) [30] 击败厄内斯特·古尔比斯 (LAT) 6-3 7-6 6-1

迈克尔·罗德拉 (FRA) 击败马丁·瓦萨罗·阿奎罗 (ARG) 6-3 7-5 6-4

伊利亚·马切科 (UKR) 击败洛斯·莫亚 (ESP) 7-6 7-5 6-3

尼克莱·达维登科 (RUS) [6] 击败迪特尔·金德尔曼 (GER) 6-1 6-0 6-3

诺瓦克·德约科维奇 (SRB) [3] 击败丹尼尔·海姆恩欧·特拉弗尔 (ESP) 7-5 6-3 6-2

马可·齐乌迪奈利 (SUI) 击败马林卡·马托塞维奇 (AUS) 7-6 7-6 4-6 6-3

迈克尔·巴雷尔 (GER) 击败克里斯托弗·维列根 (BEL) 6-1 6-2 6-1

丹尼斯·伊斯托明 (UZB) 击败杰瑞米·查迪 (FRA) [32] 6-2 6-2 6-0

米哈伊尔·尤兹尼 (RUS) [20] 击败理查德·加斯奎特 (FRA) 6-7 4-6 7-6 7-6 6-4

简·厄尼奇 (Cze) 击败罗比·吉内普利 (USA) 7-6 7-5 6-1

卢卡斯·库波特 (POL) 击败米沙·兹韦列夫 (GER) 6-3 6-3 6-3

桑地亚哥·吉拉尔多 (COL) 击败汤米·罗布雷多 (ESP) [16] 6-4 6-2 6-2

乔·维尔弗雷德·特松加 (FRA) [10] 击败塞尔吉·斯塔霍夫斯基 (UKR) 6-3 6-4 6-4

泰勒·邓特 (USA) 击败法比奥·弗格尼尼 (ITA) 6-1 6-3 6-3

扬科·蒂普萨雷维奇 (SRB) 击败瑞恩·哈里森 (USA) 6-2 6-4 7-6

汤米·哈斯 (GER) [18] 击败西蒙·格鲁尔 (GER) 6-7 6-4 6-2 6-1

尼古拉斯·阿尔玛格洛 (ESP) [26] 击败沙维亚·马里塞 (BEL) 7-6 6-4 2-6 4-6 8-6

本杰明·贝克尔 (GER) 击败格雷格·泽姆利亚 (SLO) 7-6 7-5 7-5

亚利桑德罗·法拉 (COL) 击败马科斯·丹尼尔 (BRA) 7-5 6-3 6-1

马塞尔·格拉诺勒斯 (ESP) 击败罗宾·索德林 (SWE) [8] 5-7 2-6 6-4 6-4 6-2

安迪·罗迪克 (USA) [7] 击败西莫·德巴克尔 (NED) 6-1 6-4 6-4

托马斯·贝鲁奇 (BRA) 击败坦穆拉兹·加巴什维利 (RUS) 6-3 7-5 4-6 6-4

菲里西亚诺·洛佩兹 (ESP) 击败帕布罗·奎瓦斯 (URU) 6-1 6-4 7-5

雷纳·舒特勒 (GER) 击败山姆·奎里 (USA) [25] 6-0 6-3 6-3

托马斯·伯蒂奇 (Cze) [21] 击败罗宾·哈泽 (NED) 6-0 6-3 6-3

叶甫根尼·科洛列夫 (KAZ) 击败丹尼尔·布兰德斯 (GER) 6-2 7-5 7-5

马西尔·伊尔汗 (TUR) 击败塞巴斯蒂安·格罗让 (FRA) 6-4 6-3 7-5

费尔南多·冈萨雷斯 (CHI) [11] 击败奥利弗·罗克斯 (BEL) 6-3 6-4 3-6 6-1

马林·西里奇 (CRO) [14] 击败法布里斯·桑托罗 (FRA) 7-5 7-5 6-3

伯纳德·托米奇 (AUS) 击败吉约姆·鲁芬 (FRA) 6-3 6-4 6-4

伊戈尔·库尼岑 (RUS) 击败何塞·阿卡苏索 (ARG) 6-1 2-6 6-4 6-2

斯坦·瓦林卡 (SUI) [19] 击败奎勒莫·加西亚·洛佩兹 (ESP) 6-3 6-3 6-2

维克托·特洛伊基 (SRB) [29] 击败尼古拉斯·拉潘蒂 (ECU) 4-6 6-3 6-1 6-3

弗洛里安·梅耶尔 (GER) 击败菲利普·普兹斯内尔 (GER) 0-6 2-6 6-4 6-2 6-2

詹姆斯·布雷克 (USA) 击败阿诺·克莱芒 (FRA) 7-5 7-5 6-2

胡安·马丁·德尔波特罗 (ARG) [4] 击败迈克尔·鲁塞尔 (USA) 6-4 6-4 3-6 6-2

安迪·穆雷 (GBR) [5] 击败凯文·安德森 (RSA) 6-1 6-1 6-2

马克·吉凯尔 (FRA) 击败西蒙尼·伯莱里 (ITA) 7-6 7-6 6-3

雅柯·涅米宁 (FIN) 击败尼克·林达尔 (AUS) 6-2 7-5 6-4

弗洛朗·塞拉 (FRA) 击败约尔根·梅尔泽 (AUT) [28] 6-1 6-7 6-4 4-6 6-3

约翰·伊斯内尔 (USA) [33] 击败安德里亚斯·塞皮 (ITA) 6-3 6-3 3-6 5-7 6-4

劳克·索伦森 (IRL) 击败卢彦勋 (TPE) 6-4 3-6 6-2 6-1

安东尼奥·斐奇 (CRO) 击败丹尼尔·科勒尔 (AUT) 6-4 3-6 6-7 6-1 6-4

盖尔·孟菲尔斯 (FRA) [12] 击败马休·伊布登 (AUS) 6-4 6-4 6-4

伊沃·卡洛维奇 (CRO) 击败拉德克·斯泰潘内克 (Cze) [13] 2-6 7-6 6-4 3-6 6-4

朱利安·贝内特乌 (FRA) 击败戴维·盖 (FRA) 0-6 6-4 7-6 7-6

安德烈·格鲁贝夫 (KAZ) 击败马迪·费什 (USA) 6-2 1-6 6-3 6-3

伊万·柳比西奇 (CRO) [24] 击败亚松·库布勒 (AUS) 6-1 6-2 6-2

菲利普·科尔什雷伯 (GER) [27] 击败菲利普·科尔什雷伯 (ARG) 6-1 7-5 6-1

韦恩·奥德斯尼克 (USA) 击败布莱兹·卡夫西奇 (SLO) 4-6 6-1 6-4 6-2

卢卡斯·拉科 (SVK) 击败莱昂纳多·梅耶尔 (ARG) 6-4 6-4 6-0

拉菲尔·纳达尔 (ESP) [2] 击败彼得·卢西扎克 (AUS) 7-6 6-1 6-4

第二轮

罗杰·费德勒 (SUI) [1] 击败维克多·哈内斯库 (ROU) 6-2 6-3 6-2

阿尔韦特·蒙塔涅斯 (ESP) [31] 击败斯特凡纳·罗贝尔 (FRA) 4-6 6-7 6-2 6-3 6-2

莱顿·休伊特 (AUS) [22] 击败唐纳德·扬 (USA) 7-6 6-4 6-1

马科斯·巴格达蒂斯 (CYP) 击败大卫·费雷尔 (ESP) [17] 4-6 3-6 7-6 6-3 6-1

费尔南多·沃达斯科 (ESP) [9] 击败伊万·谢尔盖耶夫 (UKR) 6-1 6-2 6-2

斯特凡·库贝克 (AUT) 击败伊万·多迪格 (CRO) 7-6 6-1 6-2

胡安·摩纳哥 (ARG) [30] 击败迈克尔·罗德拉 (FRA) 3-6 3-6 7-6 6-1 6-3

尼克莱·达维登科 (RUS) [6] 击败伊利亚·马切科 (UKR) 6-3 6-3 6-0

诺瓦克·德约科维奇 (SRB) [3] 击败马可·齐乌迪奈利 (SUI) 3-6 6-1 6-1 6-3

丹尼斯·伊斯托明 (UZB) 击败迈克尔·巴雷尔 (GER) 7-5 6-3 6-4

米哈伊尔·尤兹尼 (RUS) [20] 击败简·厄尼奇 (Cze) 6-2 6-1 6-1

卢卡斯·库波特 (POL) 击败桑地亚哥·吉拉尔多 (COL) 6-4 3-6 6-3 6-1

乔·维尔弗雷德·特松加 (FRA) [10] 击败泰勒·邓特 (USA) 6-4 6-3 6-3

汤米·哈斯 (GER) [18] 击败扬科·蒂普萨雷维奇 (SRB) 4-6 6-4 6-3 1-6 6-3

尼古拉斯·阿尔玛格洛 (ESP) [26] 击败本杰明·贝克尔 (GER) 6-4 6-2 3-6 4-6 6-3

亚利桑德罗·法拉 (COL) 击败马塞尔·格拉诺勒斯 (ESP) 6-4 6-1 6-3

安迪·罗迪克 (USA) [7] 击败托马斯·贝鲁奇 (BRA) 6-3 6-4 6-4

菲里西亚诺·洛佩兹 (ESP) 击败雷纳·舒特勒 (GER) 6-3 2-6 6-3 6-2

叶甫根尼·科洛列夫 (KAZ) 击败托马斯·伯蒂奇 (Cze) [21] 6-4 6-4 7-5

费尔南多·冈萨雷斯 (CHI) [11] 击败马尔·伊尔汗 (TUR) 6-3 6-4 7-5

马林·西里奇 (CRO) [14] 击败伯纳德·托米奇 (AUS) 6-7 6-3 4-6 6-2 6-4

斯坦·瓦林卡 (SUI) [19] 击败伊戈尔·库尼岑 (RUS) 6-3 6-2 6-2

弗洛里安·梅耶尔 (GER) 击败维克托·特洛伊基 (SRB) [29] 4-6 6-4 7-6 6-1

胡安·马丁·德尔波特罗 (ARG) [4] 击败詹姆斯·布雷克 (USA) 6-4 6-7 5-7 6-3 10-8

安迪·穆雷 (GBR) [5] 击败马克·吉凯尔 (FRA) 6-1 6-4 6-3

弗洛朗·塞拉 (FRA) 击败雅柯·涅米宁 (FIN) 3-6 6-4 5-7 7-6 7-5

约翰·伊斯内尔 (USA) [33] 击败劳克·索伦森 (IRL) 6-3 7-6 7-5

盖尔·孟菲尔斯 (FRA) [12] 击败安东尼奥·斐奇 (CRO) 6-4 6-4 6-4

伊沃·卡洛维奇 (CRO) 击败朱利安·贝内特乌 (FRA) 2-6 6-1 6-3 6-3

伊万·柳比西奇 (CRO) [24] 击败安德烈·格鲁贝夫 (KAZ) 6-3 3-6 6-2 6-3

菲利普·科尔什雷伯 (GER) [27] 击败韦恩·奥德斯尼克 (USA) 6-4 3-6 6-3 6-2

拉菲尔·纳达尔 (ESP) [2] 击败卢卡斯·拉科 (SVK) 6-2 6-2 6-2

第三轮

罗杰·费德勒 (SUI) [1] 击败阿尔韦特·蒙塔涅斯 (ESP) [31] 6-3 6-4 6-4
莱顿·休伊特 (AUS) [22] 击败马科斯·巴格达蒂斯 (CYP) 6-0 4-2（巴格达蒂斯退赛）
费尔南多·沃达斯科 (ESP) [9] 击败斯特凡·库贝克 (AUT) 6-1（库贝克退赛）
尼克莱·达维登科 (RUS) [6] 击败胡安·摩纳哥 (ARG) [30] 6-0 6-3 6-4
诺瓦克·德约科维奇 (SRB) [3] 击败丹尼斯·伊斯托明 (UZB) 6-1 6-1 6-2
卢卡斯·库波特 (POL) 击败米哈伊尔·尤兹尼 (RUS) [20] w/o
乔·维尔弗雷德·特松加 (FRA) [10] 击败汤米·哈斯 (GER) [18] 6-4 3-6 6-1 7-5
尼古拉斯·阿尔马格洛 (ESP) [26] 击败亚利桑德罗·法拉 (COL) 6-4 6-3 6-4
安迪·罗迪克 (USA) [7] 击败菲里西亚诺·洛佩兹 (ESP) 6-7 6-4 6-4 7-6
费尔南多·冈萨雷斯 (CHI) [11] 击败叶甫根尼·科洛列夫 (KAZ) 6-7 6-3 6-1 6-3 6-4
马林·西里奇 (CRO) [14] 击败斯坦·瓦林卡 (SUI) [19] 4-6 6-4 6-3 6-3
胡安·马丁·德尔波特罗 (ARG) [4] 击败弗洛里安·梅耶 (GER) 6-3 0-6 6-4 7-5
安迪·穆雷 (GBR) [5] 击败弗洛朗·塞拉 (FRA) 7-5 6-1 6-4
约翰·伊斯内尔 (USA) [33] 击败盖尔·孟菲尔斯 (FRA) [12] 6-1 4-6 7-6 7-6
伊沃·卡洛维奇 (CRO) 击败伊万·柳比西奇 (CRO) [24] 6-3 3-6 7-6
拉菲尔·纳达尔 (ESP) [2] 击败菲利普·科尔什雷伯 (GER) [27] 6-4 6-2 2-6 7-5

第四轮

罗杰·费德勒 (SUI) [1] 击败莱顿·休伊特 (AUS) [22] 6-2 6-3 6-4
尼克莱·达维登科 (RUS) [6] 击败费尔南多·沃达斯科 (ESP) [9] 6-2 7-5 4-6 6-7 6-3
诺瓦克·德约科维奇 (SRB) [3] 击败卢卡斯·库波特 (POL) 6-1 6-2 7-5
乔·维尔弗雷德·特松加 (FRA) [10] 击败尼古拉斯·阿尔马格洛 (ESP) [26] 6-3 6-4 4-6 6-7 9-7
安迪·罗迪克 (USA) [7] 击败费尔南多·冈萨雷斯 (CHI) [11] 6-3 3-6 4-6 7-5 6-2
马林·西里奇 (CRO) [14] 击败胡安·马丁·德尔波特罗 (ARG) [4] 5-7 6-4 7-5 5-7 6-3

安迪·穆雷 (GBR) [5] 击败约翰·伊斯内尔 (USA) [33] 7-6 6-3 6-2

拉菲尔·纳达尔 (ESP) [2] 击败伊沃·卡洛维奇 (CRO) 6-4 4-6 6-4 6-4

四分之一决赛

罗杰·费德勒 (SUI) [1] 击败尼克莱·达维登科 (RUS) [6] 2-6 6-3 6-0 7-5

乔·维尔弗雷德·特松加 (FRA) [10] 击败诺瓦克·德约科维奇 (SRB) [3] 7-6 6-7 1-6 6-3 6-1

马林·西里奇 (CRO) [14] 击败安迪·罗迪克 (USA) [7] 7-6 6-3 3-6 2-6 6-3

安迪·穆雷 (GBR) [5] 击败拉菲尔·纳达尔 (ESP) [2] 6-3 7-6 3-0 (纳达尔退赛)

半决赛

罗杰·费德勒 (SUI) [1] 击败乔·维尔弗雷德·特松加 (FRA) [10] 6-2 6-3 6-2

安迪·穆雷 (GBR) [5] 击败马林·西里奇 (CRO) [14] 3-6 6-4 6-4 6-2

决赛

罗杰·费德勒 (SUI) [1] 击败安迪·穆雷 (GBR) [5] 6-3 6-4 7-6

澳网 2011

第一轮

拉菲尔·纳达尔 (ESP) [1] 击败马科斯·丹尼尔 (BRA) 6-0 5-0 (丹尼尔退赛)

瑞恩·斯威汀 (USA) 击败丹尼尔·海姆恩欧·特拉弗尔 (ESP) 6-4 6-4 6-1

伯纳德·托米奇 (AUS) 击败杰瑞米·查迪 (FRA) 6-3 6-2 7-6

菲里西亚诺·洛佩兹 (ESP) [31] 击败亚利桑德罗·法拉 (COL) 6-3 7-6 6-3

约翰·伊斯内尔 (USA) [20] 击败弗洛朗·塞拉 (FRA) 6-3 7-6 6-3

拉德克·斯泰潘内克 (Cze) 击败丹尼斯·格美迈尔 (GER) 6-3 6-2 6-3

桑地亚哥·吉拉尔多 (COL) 击败鲁伊·马查多 (POR) 6-4 6-3 5-7 6-1

马林·西里奇 (CRO) [15] 击败唐纳德·扬 (USA) 6-3 6-2 6-1

米哈伊尔·尤兹尼 (RUS) [10] 击败马西尔·伊尔汗 (TUR) 6-2 6-3 7-6

布莱兹·卡夫西奇 (SLO) 击败凯文·安德森 (RSA) 2-6 6-4 7-6 7-6

米洛斯·拉奥尼奇 (CAN) 击败比约恩·法乌 (GER) 7-6 6-3 7-6

迈克尔·罗德拉 (FRA) [22] 击败胡安·伊格纳西奥·切拉 (ARG) 6-3 3-6 6-2 6-4

大卫·纳尔班迪安 (ARG) [27] 击败莱顿·休伊特 (AUS) 3-6 6-4 3-6 7-6 9-7

大卫·纳尔班迪安 (LTU) 击败马林卡·马托塞维奇 (AUS) 6-4 6-2 7-5

迈克尔·鲁塞尔 (USA) 击败马休·伊布登 (AUS) 6-3 6-2 5-7 7-6

大卫·费雷尔 (ESP) [7] 击败雅柯·涅米宁 (FIN) 6-4 6-3 1-6 6-2

罗宾·索德林 (SWE) [4] 击败波蒂托·斯塔拉切 (ITA) 6-4 6-2 6-2

吉尔斯·穆勒 (LUX) 击败西蒙·施塔德勒 (GER) 6-3 7-6 6-4

简·厄尼奇 (Cze) 击败丹尼斯·伊斯托明 (UZB) 6-3 6-4 3-6 6-2

托马斯·贝鲁奇 (BRA) [30] 击败里卡多·米洛 (BRA) 7-5 7-5 4-6 3-6 6-3

本杰明·贝克尔 (GER) 击败厄内斯特·古尔比斯 (LAT) [24] 7-6 6-2 6-4

奥莱克桑德·德尔戈波洛夫 (UKR) 击败米哈伊尔·库库什金 (KAZ) 6-3 6-2 6-4

安德里亚斯·塞皮 (ITA) 击败阿诺·克莱芒 (FRA) 3-6 2-6 7-5 6-3 6-2

乔·维尔弗雷德·特松加 (FRA) [13] 击败菲利普·普兹斯内尔 (GER) 4-6 2-6 6-2 6-3 6-4

约尔根·梅尔泽 (AUT) [11] 击败文森特·米洛特 (FRA) 6-2 6-4 6-2

佩雷·里巴 (ESP) 击败卡斯滕·巴尔 (AUS) 6-1 6-7 2-6 6-2 4-6

胡安·马丁·德尔波特罗 (ARG) 击败杜迪·塞拉 (ISR) 7-6 6-4 6-4

马科斯·巴格达蒂斯 (CYP) [21] 击败格雷格·泽姆利亚 (SLO) 3-6 7-5 6-1 4-6 6-2

奎勒莫·加西亚·洛佩兹 (ESP) [32] 击败迈克尔·巴雷尔 (GER) 6-4 6-4 3-6 6-3

爱德华多·施万克 (ARG) 击败莱昂纳多·梅耶尔 (ARG) 6-2 6-0 6-4

伊利亚·马切科 (UKR) 击败鲁本·拉米雷斯·海达哥 (ESP) 6-3 6-4 6-1

安迪·穆雷 (GBR) [5] 击败卡雷尔·贝克 (SVK) 6-3 6-1 4-2（贝克退赛）

托马斯·伯蒂奇 (Cze) [6] 击败马尔·克鲁尼奥拉 (ITA) 6-4 6-0 6-2

菲利普·科尔什雷伯 (GER) 击败托比亚斯·卡姆克 (GER) 1-6 4-6 7-6 6-4 6-4

艾德里安·马纳里诺 (FRA) 击败瑞恩·哈里森 (USA) 6-4 6-3 6-4

理查德·加斯奎特 (FRA) [28] 击败弗兰克·丹切维奇 (CAN) 6-3 6-4 6-4

弗洛里安·梅耶尔 (GER) 击败尼克莱·达维登科 (RUS) [23] 6-3 4-6 7-6 6-4

锦织圭 (JPN) 击败法比奥·弗格尼尼 (ITA) 6-1 6-4 6-7 6-4

扬科·蒂普萨雷维奇 (SRB) 击败米沙·兹韦列夫 (GER) 6-3 6-1 6-4

费尔南多·沃达斯科 (ESP) [9] 击败雷纳·舒特勒 (GER) 6-1 6-3 6-2

尼古拉斯·阿尔玛格洛 (ESP) [14] 击败斯特凡纳·罗贝尔 (FRA) 6-4 6-3 6-7 7-5

伊戈尔·安德烈耶夫 (RUS) 击败菲利波·沃兰德里 (ITA) 6-3 7-6 6-3

贝努瓦·帕尔雷 (FRA) 击败弗拉维奥·奇泊拉 (ITA) 6-1 7-5 6-1

伊万·柳比西奇 (CRO) [17] 击败彼得·卢西扎克 (AUS) 6-3 6-3 7-6

维克托·特洛伊基 (SRB) [29] 击败德米特里·图萨诺夫 (RUS) 6-2 3-6 6-2 6-0

尼古拉斯·马胡 (FRA) 击败布莱恩·达布尔 (ARG) 6-3 6-4 6-4

伊万·多迪格 (CRO) 击败伊沃·卡洛维奇 (CRO) 6-4 3-6 6-7 6-4 6-4

诺瓦克·德约科维奇 (SRB) [3] 击败马塞尔·格拉诺勒斯 (ESP) 6-1 6-3 6-1

安迪·罗迪克 (USA) [8] 击败简·厄尼奇 (Cze) 6-1 6-2 6-2

伊戈尔·库尼岑 (RUS) 击败迈克尔·柏兹西兹尼 (POL) 6-7 6-4 6-4 7-6

罗宾·哈泽 (NED) 击败卡洛斯·博洛克 (ARG) 6-4 6-3 7-6

胡安·摩纳哥 (ARG) [26] 击败西蒙·格鲁尔 (GER) 7-6 7-6 6-2

斯坦·瓦林卡 (SUI) [19] 击败坦穆拉兹·加巴什维利 (RUS) 7-6 6-4 6-4

格里戈尔·迪米特洛夫 (BUL) 击败安德烈·格鲁贝夫 (KAZ) 6-1 6-4 6-2

费雷德里科·吉尔 (POR) 击败帕布罗·奎瓦斯 (URU) 6-4 6-7 4-6 6-3 9-7

盖尔·孟菲尔斯 (FRA) [12] 击败西莫·德巴克尔 (NED) 6-7 2-6 7-5 6-2 6-1

马迪·费什 (USA) [16] 击败维克多·哈内斯库 (ROU) 2-6 4-6 6-3 7-5 6-3

汤米·罗布雷多 (ESP) 击败索姆得夫·狄瓦曼 (IND) 7-6 6-3 6-4

塞尔吉·斯塔霍夫斯基 (UKR) 击败丹尼尔·布兰德斯 (GER) 6-2 6-3 6-4

卢卡斯·库波特 (POL) 击败山姆·奎里 (USA) [18] 5-7 6-2 3-6 6-1 8-6

阿尔韦特·蒙塔涅斯 (ESP) [25] 击败达斯汀·布朗 (GER) 6-4 6-2 3-6 2-6 7-5

沙维亚·马里塞 (BEL) 击败帕布罗·安度阿尔 (ESP) 6-1 6-2 7-6

吉勒·西蒙 (FRA) 击败卢彦勋 (TPE) 6-7 6-2 6-4 6-2

罗杰·费德勒 (SUI) [2] (TPE) 击败卢卡斯·拉科 (SVK) 6-1 6-1 6-3

第二轮

拉菲尔·纳达尔 (ESP) [1] 击败瑞恩·斯威汀 (USA) 6-2 6-1 6-1

伯纳德·托米奇 (AUS) 击败菲里西亚诺·洛佩兹 (ESP) [31] 7-6 7-6 6-3

约翰·伊斯内尔 (USA) [20] 击败拉德克·斯泰潘内克 (Cze) 4-6 6-4 6-2 6-1

马林·西里奇 (CRO) [15] 击败桑地亚哥·吉拉尔多 (COL) 6-3 7-6 6-1

米哈伊尔·尤兹尼 (RUS) [10] 击败布莱兹·卡夫西奇 (SLO) 6-3 6-1 5-7 4-6 6-1

米洛斯·拉奥尼奇 (CAN) 击败迈克尔·罗德拉 (FRA) [22] 7-6 6-3 7-6

大卫·纳尔班迪安 (LTU) 击败大卫·纳尔班迪安 (ARG) [27] 6-1 6-0 2-0 (纳尔班迪安退赛)

大卫·费雷尔 (ESP) [7] 击败大卫·费雷尔 (ESP) [7] 6-0 6-1 7-5

罗宾·索德林 (SWE) [4] 击败吉尔斯·穆勒 (LUX) 6-3 7-6 6-1

简·厄尼奇 (Cze) 击败托马斯·贝鲁奇 (BRA) [30] 6-2 6-7 6-4 6-7 8-6

奥莱克桑德·德尔戈波洛夫 (UKR) 击败本杰明·贝克尔 (GER) 6-3 6-0 3-6 7-6

乔·维尔弗雷德·特松加 (FRA) [13] 击败安德里亚斯·塞皮 (ITA) 6-3 7-6 7-6

约尔根·梅尔泽 (AUT) [11] 击败佩雷·里巴 (ESP) 6-2 6-4 6-2

马科斯·巴格达蒂斯 (CYP) [21] 击败胡安·马丁·德尔波特罗 (ARG) 6-1 6-3 4-6 6-3

奎勒莫·加西亚·洛佩兹 (ESP) [32] 击败爱德华多·施万克 (ARG) 6-4 7-6 6-1

安迪·穆雷 (GBR) [5] 击败伊利亚·马切科 (UKR) 6-1 6-3 6-3

托马斯·伯蒂奇 (Cze) [6] 击败菲利普·科尔什雷伯 (GER) 4-6 6-2 6-3 6-4

理查德·加斯奎特 (FRA) [28] 击败艾德里安·马纳里诺 (FRA) 6-3 7-6 6-4

锦织圭 (JPN) 击败弗洛里安·梅耶尔 (GER) 6-4 6-3 0-6 6-3

费尔南多·沃达斯科 (ESP) [9] 击败扬科·蒂普萨雷维奇 (SRB) 2-6 4-6 6-4 7-6 6-0

尼古拉斯·阿尔马格洛 (ESP) [14] 击败伊戈尔·安德烈耶夫 (RUS) 7-5 2-6 4-6 7-6 7-5

伊万·柳比西奇 (CRO) [17] 击败贝努瓦·帕尔雷 (FRA) 6-3 6-7 6-4 7-6

维克托·特洛伊基 (SRB) [29] 击败尼古拉斯·马胡 (FRA) 6-4 6-2 1-6 6-3

诺瓦克·德约科维奇 (SRB) [3] 击败伊万·多迪格 (CRO) 7-5 6-7 6-0 6-2

安迪·罗迪克 (USA) [8] 击败伊戈尔·库尼岑 (RUS) 7-6 6-2 6-3

罗宾·哈泽 (NED) 击败胡安·摩纳哥 (ARG) [26] 6-4 6-4 3-6 6-2

斯坦·瓦林卡 (SUI) [19] 击败格里戈尔·迪米特洛夫 (BUL) 7-5 6-3 6-3

盖尔·孟菲尔斯 (FRA) [12] 击败费雷德里科·吉尔 (POR) 6-4 6-3 1-6 6-2

汤米·罗布雷多 (ESP) 击败马迪·费什 (USA) [16] 1-6 6-3 6-3 6-3

塞尔吉·斯塔霍夫斯基 (UKR) 击败卢卡斯·库波特 (POL) 6-3 6-4 6-4

沙维亚·马里塞 (BEL) 击败阿尔韦特·蒙塔涅斯 (ESP) [25] 6-4 6-0 6-1

罗杰·费德勒 (SUI) [2] 击败吉勒·西蒙 (FRA) 6-2 6-3 4-6 4-6 6-3

第三轮

拉菲尔·纳达尔 (ESP) [1] 击败伯纳德·托米奇 (AUS) 6-2 7-5 6-3

马林·西里奇 (CRO) [15] 击败约翰·伊斯内尔 (USA) [20] 4-6 6-2 6-7 7-6 9-7

米洛斯·拉奥尼奇 (CAN) 击败米哈伊尔·尤兹尼 (RUS) [10] 6-4 7-5 4-6 6-4

大卫·费雷尔 (ESP) [7] 击败大卫·纳尔班迪安 (LTU) 6-2 6-2 6-1

罗宾·索德林 (SWE) [4] 击败简·厄尼奇 (Cze) 6-3 6-1 6-4

奥莱克桑德·德尔戈波洛夫 (UKR) 击败乔·维尔弗雷德·特松加 (FRA) [13] 3-6 6-3 3-6 6-1 6-1

约尔根·梅尔泽 (AUT) [11] 击败马科斯·巴格达蒂斯 (CYP) [21] 6-7 6-2 6-1 4-3 (巴格达蒂斯退赛)

安迪·穆雷 (GBR) [5] 击败奎勒莫·加西亚·洛佩兹 (ESP) [32] 6-1 6-1 6-2

托马斯·伯蒂奇 (Cze) [6] 击败理查德·加斯奎特 (FRA) [28] 6-2 7-6 6-2

费尔南多·沃达斯科 (ESP) [9] 击败锦织圭 (JPN) 6-2 6-4 6-3

尼古拉斯·阿尔玛格洛 (ESP) [14] 击败伊万·柳比西奇 (CRO) [17] 6-4 7-6 6-3

诺瓦克·德约科维奇 (SRB) [3] 击败维克托·特洛伊基 (SRB) [29] 6-2 (特洛伊基退赛)

安迪·罗迪克 (USA) [8] 击败罗宾·哈泽 (NED) 2-6 7-6 6-2 6-2

斯坦·瓦林卡 (SUI) [19] 击败盖尔·孟菲尔斯 (FRA) [12] 7-6 6-2 6-3

汤米·罗布雷多 (ESP) 击败塞尔吉·斯塔霍夫斯基 (UKR) 5-7 6-2 6-4 6-2

罗杰·费德勒 (SUI) [2] 击败沙维亚·马里塞 (BEL) 6-3 6-3 6-1

第四轮

拉菲尔·纳达尔 (ESP) [1] 击败马林·西里奇 (CRO) [15] 6-2 6-4 6-3
大卫·费雷尔 (ESP) [7] 击败米洛斯·拉奥尼奇 (CAN) 4-6 6-2 6-3 6-4
奥莱克桑德·德尔戈波洛夫 (UKR) 击败罗宾·索德林 (SWE) [4] 1-6 6-3 6-1 4-6 6-2
安迪·穆雷 (GBR) [5] 击败约尔根·梅尔泽 (AUT) [11] 6-3 6-1 6-1
托马斯·伯蒂奇 (Cze) [6] 击败费尔南多·沃达斯科 (ESP) [9] 6-4 6-2 6-3
诺瓦克·德约科维奇 (SRB) [3] 击败尼古拉斯·阿尔玛格洛 (ESP) [14] 6-3 6-4 6-0
斯坦·瓦林卡 (SUI) [19] 击败安迪·罗迪克 (USA) [8] 6-3 6-4 6-4
罗杰·费德勒 (SUI) [2] 击败汤米·罗布雷多 (ESP) 6-3 3-6 6-3 6-2

四分之一决赛

大卫·费雷尔 (ESP) [7] 击败拉菲尔·纳达尔 (ESP) [1] 6-4 6-2 6-3
安迪·穆雷 (GBR) [5] 击败奥莱克桑德·德尔戈波洛夫 (UKR) 7-5 6-3 6-7 6-3
诺瓦克·德约科维奇 (SRB) [3] 击败托马斯·伯蒂奇 (Cze) [6] 6-1 7-6 6-1
罗杰·费德勒 (SUI) [2] 击败斯坦·瓦林卡 (SUI) [19] 6-1 6-3 6-3

半决赛

安迪·穆雷 (GBR) [5] 击败大卫·费雷尔 (ESP) [7] 4-6 7-6 6-1 7-6
诺瓦克·德约科维奇 (SRB) [3] 击败罗杰·费德勒 (SUI) [2] 7-6 7-5 6-4

决赛

诺瓦克·德约科维奇 (SRB) [3] 击败安迪·穆雷 (GBR)[5] 6-4 6-2 6-3

澳网 2013

第一轮

诺瓦克·德约科维奇 (SRB) [1] 击败保罗·昂利·马休 (FRA) 6-2 6-4 7-5

瑞恩·哈里森 (USA) 击败桑地亚哥·吉拉尔多 (COL) 2-6 6-4 7-5 6-4

菲里西亚诺·洛佩兹 (ESP) 击败阿尔诺·布鲁格斯·达维 (ESP) 6-3 6-2 6-4

拉德克·斯泰潘内克 (Cze) [31] 击败维克托·特洛伊基 (SRB) 5-7 4-6 6-3 6-3 7-5

山姆·奎里 (USA) [20] 击败丹尼尔·姆诺兹-德拉·纳维 (ESP) 6-7 6-4 6-2 6-4

布莱恩·贝克 (USA) 击败亚力克斯·波戈莫洛夫 (RUS) 7-6 6-3 6-7 3-6 6-2

托比亚斯·卡姆克 (GER) 击败弗拉维奥·奇泊拉 (ITA) 6-1 4-6 6-1

斯坦·瓦林卡 (SUI) [15] 击败塞德里克·马塞尔·斯泰皮 (GER) 6-2 6-4 6-3

安德烈·库兹涅佐夫 (RUS) 击败胡安·摩纳哥 (ARG) [11] 7-6 6-1 6-1

凯文·安德森 (RSA) 击败帕奥罗·罗伦兹 (ITA) 3-6 7-6 6-3 6-4

沙维亚·马里塞 (BEL) 击败帕布洛·安度阿尔 (ESP) 6-3 6-1 6-2

费尔南多·沃达斯科 (ESP) [22] 击败大卫·戈芬 (BEL) 6-3 3-6 4-6 6-3 6-4

约尔根·梅尔泽 (AUT) [26] 击败米哈伊尔·库库什金 (KAZ) 6-1 6-1 6-2

罗伯托·布蒂斯塔·阿古特 (ESP) 击败法比奥·弗格尼尼 (ITA) 6-0 2-6 6-4 3-6 6-1

吉约姆·鲁芬 (FRA) 击败朱利安·赖斯特 (GER) 4-6 7-6 6-1 6-2

托马斯·伯蒂奇 (Cze) [5] 击败迈克尔·鲁塞尔 (USA) 6-3 7-5 6-3

大卫·费雷尔 (ESP) [4] 击败奥利弗·罗克斯 (BEL) 6-3 6-4 6-2

蒂姆·斯米克扎 (USA) 击败伊沃·卡洛维奇 (CRO) 6-4 7-6 7-5

伊藤龙马 (JPN) 击败约翰·米尔曼 (AUS) 6-4 6-4 3-6 0-6 7-5

马科斯·巴格达蒂斯 (CYP) [28] 击败阿尔伯特·拉莫斯 (ESP) 6-7 7-6 6-4 3-6 6-3

米哈伊尔·尤兹尼 (RUS) [23] 击败马休·伊布登 (AUS) 4-6 6-7 6-2 7-6 6-3

叶甫根尼·东斯科伊 (RUS) 击败安德里安·恩格尔 (ROU) 6-4 6-4 6-2

卡洛斯·博洛克 (ARG) 击败马克西姆·奥顿 (BEL) 1-6 7-6 7-6 6-2

锦织圭 (JPN) [16] 击败维克多·哈内斯库 (ROU) 6-7 6-3 6-1 6-3

尼古拉斯·阿尔玛格洛 (ESP) [10] 击败斯蒂夫·约翰逊 (USA) 7-5 6-7 6-2 6-7 6-2

丹尼尔·海姆恩欧·特拉弗尔 (ESP) 击败卢卡斯·库波特 (POL) 6-7 6-4 6-0 4-6 6-4

索姆得夫·狄瓦曼 (IND) 击败比约恩·法乌 (GER) 6-3 6-2 6-3

耶兹·扬诺维茨 (POL) [24] 击败西蒙尼·伯莱里 (ITA) 7-5 6-4 6-3

朱利安·贝内特乌 (FRA) [32] 击败格里戈尔·迪米特洛夫 (BUL) 6-4 6-2 6-4

爱德华·罗格·瓦塞林 (FRA) 击败鲁本·贝梅尔曼斯 (BEL) 6-3 6-7 2-6 7-5 11-9

卢卡斯·拉科 (SVK) 击败吉尔斯·穆勒 (LUX) 6-2 6-4 7-6

扬科·蒂普萨雷维奇 (SRB) [8] 击败莱顿·休伊特 (AUS) 7-6 7-5 6-3

胡安·马丁·德尔波特罗 (ARG) [6] 击败艾德里安·马纳里诺 (FRA) 6-1 6-2 6-2

本杰明·贝克尔 (GER) 击败贾兹·贝德内 (SLO) 4-6 6-3 7-5 7-6

杰瑞米·查迪 (FRA) 击败阿德里安·梅嫩德斯·蒙那德兹 (ESP) 7-6 6-7 6-2 6-1

马塞尔·格拉诺勒斯 (ESP) [30] 击败格雷格·泽姆利亚 (SLO) 7-6 7-6 1-0（泽姆利亚退赛）

安德里亚斯·塞皮 (ITA) [21] 击败菲利普·科尔什雷伯 (ARG) 6-2 6-4 6-2

丹尼斯·伊斯托明 (UZB) 击败伊戈尔·西里宁 (NED) 4-6 6-3 6-4 6-2

拉杰夫·拉姆 (USA) 击败奎勒莫·加西亚·洛佩兹 (ESP) 6-4 6-4 3-6 6-2

马林·西里奇 (CRO) [12] 击败马林卡·马托塞维奇 (AUS) 6-4 7-5 6-2

吉勒·西蒙 (FRA) [14] 击败菲利波·沃兰德里 (ITA) 2 6 6-3 6-2 6-2

杰西·列文 (CAN) 击败汤米·罗布雷多 (ESP) 7-6 6-7 6-4 6-4

鲁本·拉米雷斯·海达哥 (ESP) 击败卢彦勋 (TPE) 6-2 6-1 4-6 6-1

盖尔·孟菲尔斯 (FRA) 击败奥莱克桑德·德尔戈波洛夫 (UKR) [18] 6-7 7-6 6-3 6-3

弗洛里安·梅耶尔 (GER) [25] 击败赖恩·威廉姆斯 (USA) 2-6 3-6 6-2 7-6 6-1

理查德·比兰基斯 (LTU) 击败塞尔吉·斯塔霍夫斯基 (UKR) 6-2 7-6 7-5

若奥·索萨 (POR) 击败约翰-帕特里克·史密斯 (AUS) 6-4 6-1 6-4

安迪·穆雷 (GBR) [3] 击败罗宾·哈泽 (NED) 6-3 6- 6-3

乔·维尔弗雷德·特松加 (FRA) [7] 击败迈克尔·罗德拉 (FRA) 6-4 7-5 6-2

添田豪 (JPN) 击败卢克·萨维尔 (AUS) 6-7 6-3 6-2 6-3

詹姆斯·杜克沃特 (AUS) 击败本杰明·米切尔 (AUS) 6-4 7-6 4-6 5-7 8-6

布莱兹·卡夫西奇 (SLO) 击败托马斯·贝鲁奇 (BRA) [29] 6-3 6-1 6-3

雅柯·涅米宁 (FIN) 击败汤米·哈斯 (GER) [19] 7-6 4-6 6-3 4-6 8-6

伊万·多迪格 (CRO) 击败吴迪 (CHN) 7-5 4-6 6-3 6-3

亚利桑德罗·法拉 (COL) 击败约瑟林·奥恩纳 (FRA) 6-4 7-5 6-4

理查德·加斯奎特 (FRA) [9] 击败阿尔韦特·蒙塔涅斯 (ESP) 7-5 6-2 6-1

米洛斯·拉奥尼奇 (CAN) [13] 击败简·厄尼奇 (Cze) 3-6 6-1 6-2 7-6

卢卡斯·罗索尔 (Cze) 击败杰米·贝克 (GBR) 7-6 7-5 6-2

阿米尔·韦恩特劳勃 (ISR) 击败圭多·佩拉 (ARG) 7-6 7-5 6-2

菲利普·科尔什雷伯 (GER) [17] 击败史蒂夫·达尔西斯 (BEL) 6-2 6-3 6-4

丹尼尔·布兰德斯 (GER) 击败马丁·克里赞 (SVK) [27] 6-3 3-6 6-3 6-4

伯纳德·托米奇 (AUS) 击败莱昂纳多·梅耶尔 (ARG) 6-3 6-2 6-3

尼克莱·达维登科 (RUS) 击败杜迪·塞拉 (ISR) 3-6 6-1 7-5 6-3

罗杰·费德勒 (SUI) [2] 击败贝努瓦·帕尔雷 (FRA) 6-2 6-4 6-1

第二轮

诺瓦克·德约科维奇 (SRB) [1] 击败瑞恩·哈里森 (USA) 6-1 6-2 6-3

拉德克·斯泰潘内克 (Cze) [31] 击败菲里西亚诺·洛佩兹 (ESP) 6-2 6-2 6-4

山姆·奎里 (USA) [20] 击败布莱恩·贝克 (USA) 6-7 1-1 (贝克退赛)

斯坦·瓦林卡 (SUI) [15] 击败托比亚斯·卡姆克 (GER) 6-3 7-6 (卡姆克退赛)

凯文·安德森 (RSA) 击败安德烈·库兹涅佐夫 (RUS) 6-1 7-5 6-4

费尔南多·沃达斯科 (ESP) [22] 击败沙维亚·马里塞 (BEL) 6-1 6-3 6-2

约尔根·梅尔泽 (AUT) [26] 击败罗伯托·布蒂斯塔·阿古特 (ESP) 6-7 6-3 6-7 6-3 6-2

托马斯·伯蒂奇 (Cze) [5] 击败吉约姆·鲁芬 (FRA) 6-2 6-2 6-4

大卫·费雷尔 (ESP) [4] 击败蒂姆·斯米克扎 (USA) 6-0 7-5 4-6 6-3

马科斯·巴格达蒂斯 (CYP) [28] 击败伊藤龙马 (JPN) 3-6 6-3 6-2 6-2

叶甫根尼·东斯科伊 (RUS) 击败米哈伊尔·尤兹尼 (RUS) [23] 3-6 6-7 6-2 3-6 6-3

锦织圭 (JPN) [16] 击败卡洛斯·博洛克 (ARG) 7-6 6-4 6-1

尼古拉斯·阿尔马格洛 (ESP) [10] 击败丹尼尔·海姆恩欧·特拉弗尔 (ESP) 6-4 6-1 6-2

耶兹·扬诺维茨 (POL) [24] 击败索姆得夫·狄瓦曼 (IND) 6-7 3-6 6-1 6-0 7-5

朱利安·贝内特乌 (FRA) [32] 击败爱德华·罗格·瓦塞林 (FRA) 4-6 7-5 7-6 7-6

扬科·蒂普萨雷维奇 (SRB) [8] 击败卢卡斯·拉科 (SVK) 6-3 6-4 3-6 4-6 7-5

胡安·马丁·德尔波特罗 (ARG) [6] 击败本杰明·贝克尔 (GER) 6-2 6-4 6-2

杰瑞米·查迪 (FRA) 击败马塞尔·格拉诺勒斯 (ESP) [30] 6-3 3-6 6-1 6-2

安德里亚斯·塞皮 (ITA) [21] 击败丹尼斯·伊斯托明 (UZB) 7-6 5-7 6-7 7-6 6-2

马林·西里奇 (CRO) [12] 击败拉杰夫·拉姆 (USA) 7-5 6-2 6-4

吉勒·西蒙 (FRA) [14] 击败杰西·列文 (CAN) 2-6 6-3 7-6 6-2

盖尔·孟菲尔斯 (FRA) 击败卢彦勋 (TPE) 7-6 4-6 0-6 6-1 8-6

理查德·比兰基斯 (LTU) 击败弗洛里安·梅耶尔 (GER) [25] 6-2 6-3 6-1

安迪·穆雷 (GBR) [3] 击败若奥·索萨 (POR) 6-2 6-2 6-4

乔·维尔弗雷德·特松加 (FRA) [7] 击败添田豪 (JPN) 6-3 7-6 6-3

布莱兹·卡夫西奇 (SLO) 击败詹姆斯·杜克沃特 (AUS) 3-6 6-3 6-4 6-7 10-8

伊万·多迪格 (CRO) 击败雅柯·涅米宁 (FIN) 6-3 6-7 6-3 6-7 6-1

理查德·加斯奎特 (FRA) [9] 击败亚利桑德罗·法拉 (COL) 6-3 6-2 6-2

米洛斯·拉奥尼奇 (CAN) [13] 击败卢卡斯·罗索尔 (Cze) 7-6 6-2 6-3

菲利普·科尔什雷伯 (GER) [17] 击败阿米尔·韦恩特劳勃 (ISR) 6-2 7-6 6-4

伯纳德·托米奇 (AUS) 击败丹尼尔·布兰德斯 (GER) 6-7 7-5 7-6 7-6

罗杰·费德勒 (SUI) [2] 击败尼克莱·达维登科 (RUS) 6-3 6-4 6-4

第三轮

诺瓦克·德约科维奇 (SRB) [1] 击败拉德克·斯泰潘内克 (Cze) [31] 6-4 6-3 7-5

斯坦·瓦林卡 (SUI) [15] 击败山姆·奎里 (USA) [20] 7-6 7-5 6-4

凯文·安德森 (RSA) 击败费尔南多·沃达斯科 (ESP) [22] 4-6 6-3 4-6 7-6 6-2

托马斯·伯蒂奇 (Cze) [5] 击败约尔根·梅尔泽 (AUT) [26] 6-3 6-2 6-2

大卫·费雷尔 (ESP) [4] 击败马科斯·巴格达蒂斯 (CYP) [28] 6-4 6-2 6-3

锦织圭 (JPN) [16] 击败叶甫根尼·东斯科伊 (RUS) 7-6 6-2 6-3

尼古拉斯·阿尔玛格洛 (ESP) [10] 击败耶兹·扬诺维茨 (POL) [24] 7-6 7-6 6-1

扬科·蒂普萨雷维奇 (SRB) [8] 击败朱利安·贝内特乌 (FRA) [32] 3-6 6-4 2-6 6-4 6-3

杰瑞米·查迪 (FRA) 击败胡安·马丁·德尔波特罗 (ARG) [6] 6-3 6-3 6-7 3-6 6-3

安德里亚斯·塞皮 (ITA) [21] 击败马林·西里奇 (CRO) [12] 6-7 6-3 2-6 6-4 6-2

吉勒·西蒙 (FRA) [14] 击败盖尔·孟菲尔斯 (FRA) 6-4 6-4 4-6 1-6 8-6

安迪·穆雷 (GBR) [3] 击败理查德·比兰基斯 (LTU) 6-3 6-4 7-5

乔·维尔弗雷德·特松加 (FRA) [7] 击败布莱兹·卡夫西奇 (SLO) 6-2 6-1 6-4

伊万·多迪格 (CRO) 击败理查德·加斯奎特 (FRA) [9] 4-6 6-3 7-6 6-0

米洛斯·拉奥尼奇 (CAN) [13] 击败菲利普·科尔什雷伯 (GER) [17] 7-6 6-3 6-4

罗杰·费德勒 (SUI) [2] 击败伯纳德·托米奇 (AUS) 6-4 7-6 6-1

第四轮

诺瓦克·德约科维奇 (SRB) [1] 击败斯坦·瓦林卡 (SUI) [15] 1-6 7-5 6-4 6-7 12-10

托马斯·伯蒂奇 (Cze) [5] 击败凯文·安德森 (RSA) 6-3 6-2 7-6

大卫·费雷尔 (ESP) [4] 击败锦织圭 (JPN) [16] 6-2 6-1 6-4

尼古拉斯·阿尔玛格洛 (ESP) [10] 击败扬科·蒂普萨雷维奇 (SRB) [8] 6-2 5-1 (蒂普萨雷维奇退赛)

杰瑞米·查迪 (FRA) 击败安德里亚斯·塞皮 (ITA) [21] 5-7 6-3 6-2 6-2

安迪·穆雷 (GBR) [3] 击败吉勒·西蒙 (FRA) [14] 6-3 6-1 6-3

乔·维尔弗雷德·特松加 (FRA) [7] 击败理查德·加斯奎特 (FRA) [9] 6-4 3-6 6-3 6-2

罗杰·费德勒 (SUI) [2] 击败米洛斯·拉奥尼奇 (CAN) [13] 6-4 7-6 6-2

四分之一决赛

诺瓦克·德约科维奇 (SRB) [1] 击败托马斯·伯蒂奇 (Cze) [5] 6-1 4-6 6-1 6-4

大卫·费雷尔 (ESP) [4] 击败尼古拉斯·阿尔玛格洛 (ESP) [10] 4-6 4-6 7-5 7-6 6-2

安迪·穆雷 (GBR) [3] 击败杰瑞米·查迪 (FRA) 6-4 6-1 6-2

罗杰·费德勒 (SUI) [2] 击败乔·维尔弗雷德·特松加 (FRA) [7] 7-6 4-6 7-6 3-6 6-3

半决赛

诺瓦克·德约科维奇 (SRB) [1] 击败大卫·费雷尔 (ESP) [4] 6-2 6-2 6-1

安迪·穆雷 (GBR) [3] 击败罗杰·费德勒 (SUI) [2] 6-4 6-7 6-3 6-7 6-2

决赛

诺瓦克·德约科维奇 (SRB) [1] 击败安迪·穆雷 (GBR) [3] 6-7 7-6 6-3 6-2

2012 年奥运会

网球男子单打

第一轮

罗杰·费德勒 (SUI) [1] 击败亚利桑德罗·法拉 (COL) 6-3 5-7 6-3

朱利安·贝内特乌 (FRA) 击败米哈伊尔·尤兹尼 (RUS) 7-5 6-3

吉勒斯·穆勒 (LUX) 击败安德里安·恩格尔 (ROU) 6-3 6-3

丹尼斯·伊斯托明 (UZB) 击败费尔南多·沃达斯科 (ESP) [14] 6-4 7-6

约翰·伊斯内尔 (USA) [10] 击败奥利弗·罗克斯 (BEL) 7-6 6-4

马莱克·贾兹里 (TUN) 击败卢彦勋 (TPE) 7-6 4-6 6-3

菲利普·普兹斯内尔 (GER) 击败卢卡斯·拉科 (SVK) 7-6 6-1

扬科·蒂普萨雷维奇 (SRB) [7] 击败大卫·纳尔班迪安 (ARG) 6-3 6-4

大卫·费雷尔 (ESP) [4] 击败瓦谢克·波斯皮希尔 (CAN) 6-4 6-4

布莱兹·卡夫西奇 (SLO) 击败维斯奴·瓦德安 (IND) 6-3 6-2

尼克莱·达维登科 (RUS) 击败拉德克·斯泰潘内克 (Cze) 6-4 6-3

锦织圭 (JPN) [15] 击败伯纳德·托米奇 (AUS) 6-4 6-4

吉勒·西蒙 (FRA) [12] 击败米哈伊尔·库库什金 (KAZ) 6-4 6-2

格里戈尔·迪米特洛夫 (BUL) 击败卢卡斯·库波特 (POL) 6-3 7-6

安德里亚斯·塞皮 (ITA) 击败唐纳德·扬 (USA) 6-4 6-4

胡安·马丁·德尔波特罗 (ARG) [8] 击败艾·多迪格 (CRO) 6-4 6-1

史蒂夫·达尔西斯 (BEL) 击败托马斯·伯蒂奇 (Cze) [6] 6-4 6-4

桑地亚哥·吉拉尔多 (COL) 击败瑞恩·哈里森 (USA) 7-5 6-3

亚历克斯·博戈莫洛夫 (RUS) 击败卡洛斯·博洛克 (ARG) 7-5 7-6

尼古拉斯·阿尔玛格洛 (ESP) [11] 击败维克托·特洛伊基 (SRB) 6-4 7-6

理查德·加斯奎特 (FRA) [16] 击败罗宾·哈泽 (NED) 6-3 6-3

马科斯·巴格达蒂斯 (CYP) 击败添田豪 (JPN) 6-7 7-6 6-2

雅柯·涅米宁 (FIN) 击败索姆得夫·狄瓦曼 (IND) 6-3 6-1

安迪·穆雷 (GBR) [3] 击败斯坦尼斯拉夫·瓦林卡 (SUI) 6-3 6-3

乔·维尔弗雷德·特松加 (FRA) [5] 击败托马斯·贝鲁奇 (BRA) 6-7 6-4 6-4

米洛斯·拉奥尼奇 (CAN) 击败伊藤龙马 (JPN) 6-3 6-4

菲里西亚诺·洛佩兹 (ESP) 击败德米特里·图萨诺夫 (RUS) 6-7 6-2 9-7

胡安·摩纳哥 (ARG) [9] 击败大卫·戈芬 (BEL) 6-4 6-1

马林·西里奇 (CRO) [13] 击败约尔根·梅尔泽 (AUT) 7-6 6-2

莱顿·休伊特 (AUS) 击败塞尔吉·斯塔霍夫斯基 (UKR) 6-3 4-6 6-3

安迪·罗迪克 (USA) 击败马丁·克里赞 (SVK) 7-5 6-4

诺瓦克·德约科维奇 (SRB) [2] 击败法比奥·弗格尼尼 (ITA) 6-4 7-6 6-2

第二轮

罗杰·费德勒 (SUI) [1] 击败朱利安·贝内特乌 6-2 6-2

丹尼斯·伊斯托明 (UZB) 击败吉勒斯·穆勒 (LUX) 6-7 7-6 7-5

约翰·伊斯内尔 (USA) [10] 击败马莱克·贾兹里 (TUN) 7-6 6-2

扬科·蒂普萨雷维奇 (SRB) [7] 击败菲利普·普兹斯内尔 (GER) 3-6 6-3 6-4

大卫·费雷尔 (ESP) [4] 击败布莱兹·卡夫西奇 (SLO) 6-2 6-2

锦织圭 (JPN) [15] 击败尼克莱·达维登科 (RUS) 4-6 6-4 6-1

吉勒·西蒙 (FRA) [12] 击败格里戈尔·迪米特洛夫 (BUL) 6-3 6-3

胡安·马丁·德尔波特罗 (ARG) 击败安德里亚斯·塞皮 (ITA) 6-1 4-6 6-3

史蒂夫·达尔西斯 (BEL) 击败桑地亚哥·吉拉尔多 (COL) 6-7 6-4 6-4

尼古拉斯·阿尔玛格洛 (ESP) [11] 击败亚历克斯·博戈莫洛夫 (RUS) 6-2 6-2

理查德·加斯奎特 (FRA) [16] 击败马科斯·巴格达蒂斯 (CYP) 6-4 6-4

安迪·穆雷 (GBR) [3] 击败雅柯·涅米宁 (FIN) 6-2 6-4

乔·维尔弗雷德·特松加 (FRA) [5] 击败米洛斯·拉奥尼奇 (CAN) 6-3 3-6 25-23

菲里西亚诺·洛佩兹 (ESP) 击败胡安·摩纳哥 (ARG) [9] 6-4 6-4

莱顿·休伊特 (AUS) 击败马林·西里奇 (CRO) [13] 6-4 7-5

诺瓦克·德约科维奇 (SRB) [2] 击败安迪·罗迪克 (USA) 6-2 6-1

第三轮

罗杰·费德勒 (SUI) [1] 击败丹尼斯·伊斯托明 (UZB) 7-5 6-3

约翰·伊斯内尔 (USA) [10] 击败扬科·蒂普萨雷维奇 (SRB) 7-5 7-6

锦织圭 (JPN) [15] 击败大卫·费雷尔 (ESP) [4] 6-0 3-6 6-4

胡安·马丁·德尔波特罗 (ARG) 击败吉勒·西蒙 (FRA) [12] 6-1 4-6 6-3

尼古拉斯·阿尔玛格洛 (ESP) [11] 击败史蒂夫·达尔西斯 (BEL) 7-5 6-3

安迪·穆雷 (GBR) [3] 击败理查德·加斯奎特 (FRA) [16] 4-6 6-1 6-4

乔·维尔弗雷德·特松加 (FRA) [5] 击败菲里西亚诺·洛佩兹 (ESP) 7-6 6-4

诺瓦克·德约科维奇 (SRB) [2] 击败莱顿·休伊特 (AUS) 4-6 7-5 6-1

四分之一决赛

罗杰·费德勒 (SUI) [1] 击败约翰·伊斯内尔 (USA) [10] 6-4 7-6

胡安·马丁·德尔波特罗 (ARG) 击败锦织圭 (JPN) [15] 6-4 7-6

安迪·穆雷 (GBR) [3] 击败尼古拉斯·阿尔玛格洛 (ESP) [11] 6-4 6-1

诺瓦克·德约科维奇 (SRB) [2] 击败乔·维尔弗雷德·特松加 (FRA) [5] 6-1 7-5

半决赛

罗杰·费德勒 (SUI) [1] 击败胡安·马丁·德尔波特罗 (ARG) 3-6 7-5 19-17

安迪·穆雷 (GBR) [3] 击败诺瓦克·德约科维奇 (SRB) [2] 7-5 7-5

决赛

安迪·穆雷 (GBR) [3] 击败罗杰·费德勒 (SUI) [1] 6-2 6-1 6-4

铜牌争夺战

胡安·马丁·德尔波特罗 (ARG) 击败诺瓦克·德约科维奇 (SRB) [2] 7-5 6-4

混　双

提示：如果两盘结束后盘比分为 1-1，则第三盘双方通过抢 10 决胜。

第一轮

维多利亚·阿扎伦卡 & 马克斯·米尔尼 (BLR) [1] 击败安杰莉克·克佩尔 & 菲利普 (GER) 6-2 6-2

萨尼娅·米尔扎 & 莱安德罗·帕埃斯 (IND) 击败安娜·伊万诺维奇 & 内纳德·泽蒙季奇 (SRB) 6-2 6-4

丽莎·雷蒙 & 迈克·布莱恩 (USA) [3] 击败萨拉·埃拉尼 & 安德里亚斯·塞皮 (ITA) 7-5 6-3

吉塞拉·杜尔科 & 胡安·马丁·德尔波特罗 (ARG) 击败艾莲娜·费丝莲娜 & 米哈伊尔·尤兹尼 (RUS) 6-3 7-5

劳拉·罗布森 & 安迪·穆雷 (GBR) 击败卢齐厄·赫拉德卡 & 拉德克·斯泰潘内克 7-5 6-7 [10-7]

萨曼莎·斯托瑟 & 莱顿·休伊特 (AUS) 击败拉德旺丝卡 & 马辛·麦考斯基 (POL) [4] 6-3 6-3

罗贝塔·文奇 & 达尼埃利·布拉恰利 (ITA) 击败索菲亚·阿维德森 & 罗伯特·林德斯泰德 (SWE) 6-3 4-6 [10-8]

萨比妮·利斯基 & 克里斯多夫·卡斯 (GER) 击败莉泽尔·许贝尔 & 鲍勃·布莱恩 (USA) [2] 7-6 6-7 [10-5]

四分之一决赛

维多利亚·阿扎伦卡 & 马克斯·米尔尼 (BLR) [1] 击败萨尼娅·米尔扎 & 莱安德罗·帕埃斯 (IND) 7-5 7-6

丽莎·雷蒙 & 迈克·布莱恩 (USA) [3] 击败吉塞拉·杜尔科 & 胡安·马丁·德尔

波特罗 (ARG) 6-2 7-5

劳拉·罗布森 & 安迪·穆雷 (GBR) 击败萨曼莎·斯托瑟 & 莱顿·休伊特 (AUS) 6-3 3-6 [10-8]

萨比妮·利斯基 & 克里斯多夫·卡斯 (GER) 击败罗贝塔·文奇 & 达尼埃利·布拉恰利 (ITA) 4-6 7-6 [10-7]

半决赛

维多利亚·阿扎伦卡 & 马克斯·米尔尼 (BLR) [1] 击败丽莎·雷蒙 & 迈克·布莱恩 (USA) [3] 3-6 6-4 [10-7]

劳拉·罗布森 & 安迪·穆雷 (GBR) 击败萨比妮·利斯基 & 克里斯多夫·卡斯 (GER) 6-1 6-7 [10-7]

决赛

维多利亚·阿扎伦卡 & 马克斯·米尔尼 (BLR) [1] 击败劳拉·罗布森 & 安迪·穆雷 (GBR) 2-6 6-3 [10-8]

铜牌争夺战

丽莎·雷蒙 & 迈克·布莱恩 (USA) [3] 3-6 6-4 [10-7] 击败萨比妮·利斯基 & 克里斯多夫·卡斯 (GER) 6-3 4-6 [10-4]

美网 2008

第一轮

拉菲尔·纳达尔 (ESP) [1] 击败比约恩·法乌 (GER) 7-6 6-3 7-6

德哈特 (USA) 击败奥利弗·罗克斯 (BEL) 7-6 5-7 6-4 3-6 6-4

维克托·特洛伊基 (SRB) 击败卡斯滕·巴尔 (AUS) 7-6 6-0 6-1

菲利普·科尔什雷伯 (GER) [25] 击败路易斯·奥尔纳 (PER) 6-2 6-3 6-2

山姆·奎里 (USA) 击败托马斯·伯蒂奇 (Cze) [22] 6-3 6-1 6-2

尼古拉斯·德维尔德 (FRA) 击败巴勃罗·安杜哈尔 (ESP) 6-4 6-2 6-2

弗洛朗·塞拉 (FRA) 击败莱纳·舒特勒 (GER) 7-6 6-0 2-0 (舒特勒退赛)

伊沃·卡洛维奇 (CRO) [14] 击败扬·米纳日 (Cze) 7-5 6-1 6-4

詹姆斯·布雷克 (USA) [9] 击败唐纳德·扬 (USA) 6-1 3-6 6-1

史蒂夫·达尔西斯 (BEL) 击败丹尼斯·格美迈尔 (GER) 6-1 6-7 7-6 6-4

马迪·费什 (USA) 击败罗伯特·斯梅茨 (AUS) 7-6 6-7 6-3 6-4

保罗·昂利·马休 (FRA) [24] 击败塞巴斯蒂安·格罗让 (FRA) 6-7 7-6 6-3 6-2

盖尔·孟菲尔斯 (FRA) [32] 击败帕布罗·奎瓦斯 (URU) 6-4 6-4 6-1

叶甫根尼·科洛列夫 (KAZ) 击败罗宾·索德林 (SWE) 7-6 6-3 7-6

安德烈·格鲁贝夫 (KAZ) 击败布伦丹·埃文斯 (USA) 6-4 6-3 6-2

大卫·纳尔班迪安 (ARG) 击败马科斯·丹尼尔 (BRA) 6-1 6-2 6-4

大卫·费雷尔 (ESP) [4] 击败马丁·瓦萨罗·阿奎罗 (ARG) 7-6 6-2 6-2

安德里亚斯·贝克 (GER) 击败约翰·伊斯内尔 (USA) 7-6 6-4 7-6

罗科·卡兰纽西奇 (CRO) 击败瑞恩·斯威汀 (USA) 7-5 7-5 3-6 6-2

锦织圭 (JPN) 击败胡安·摩纳哥 (ARG) [29] 6-2 6-2 5-7 6-2

胡安·马丁·德尔波特罗 (ARG) [17] 击败吉列尔莫·卡纳斯 (ARG) 4-6 7-6 6-4 6-1

托马斯·贝鲁奇 (BRA) 击败奥斯卡·埃尔南德斯 (ESP) 6-3 6-7 6-4 7-5

何塞·阿卡苏索 (ARG) 击败迈克尔·巴雷尔 (GER) 6-4 6-2 6-2

吉勒·西蒙 (FRA) [16] 击败马塞尔·格拉诺勒斯 (ESP) 6-4 6-3 5-7 6-2

斯坦尼斯拉夫·瓦林卡 (SUI) [10] 击败西蒙尼·伯莱里 (ITA) 7-6 6-3 6-3

韦恩·奥德斯尼克 (USA) 击败法比奥·弗格尼尼 (ITA) 2-6 6-0 4-6 6-3 6-4

卢彦勋 (TPE) 击败尼古拉斯·拉潘蒂 (ECU) 6-4 1-6 4-6 6-4 6-3

弗拉维奥·奇泊拉 (ITA) 击败简·厄尼奇 (Cze) 6-7 6-4 2-6 7-6 7-6

约尔根·梅尔泽 (AUT) 击败菲里西亚诺·洛佩兹 (ESP) [27] 4-6 7-6 6-2 2-6 6-4

杰里·瓦涅克 (Cze) 击败斯特凡纳·波利 (SUI) 3-6 6-3 6-2 7-5

迈克尔·罗德拉 (FRA) 击败泰穆拉兹·加巴什维利 (RUS) 6-3 5-7 7-6 7-6

安迪·穆雷 (GBR) [6] 击败塞尔吉奥·罗伊特曼 (ARG) 6-3 6-4 6-0

安迪·罗迪克 (USA) [8] 击败法布里斯·桑托罗 (FRA) 6-2 6-2 6-2

厄内斯特·古尔比斯 (LAT) 击败托马斯·约翰松 (SWE) 7-5 6-1 7-6

吉尔勒莫.加西亚·洛佩斯 (ESP) 击败多米尼克·赫巴蒂 (SLO) 4-6 6-3 6-4 6-4

安德里亚斯·塞皮 (ITA) [31] 击败李亨泽 (KOR) 6-3 7-5 3-6 3-6 6-3

伊沃·米纳尔 (Cze) 击败尼古拉斯·基弗 (GER) [20] 4-6 6-1 6-4 4-1 (基弗退赛)

亚尔科·内米南 (FIN) 击败斯科维尔·詹金斯 (USA) 6-3 6-3 7-5

鲍比·雷诺兹 (USA) 击败托马斯·齐布 (Cze) 6-4 6-7 2-6 6-4 7-6

费尔南多·冈萨雷斯 (CHI) [11] 击败伊万·纳瓦罗 (ESP) 7-6 6-3 4-6 7-6

汤米·罗布雷多 (ESP) [15] 击败米沙·兹韦列夫 (GER) 7-6 6-2 6-1

马拉特·萨芬 (RUS) 击败文森特·斯帕迪亚 (USA) 3-6 6-2 6-3 4-6 6-4

卡洛斯·莫亚 (ESP) 击败阿萨姆·哈克·奎雷西 (PAK) 6-4 6-7 7-6 6-2

乔·维尔弗雷德·特松加 (FRA) [19] 击败桑地亚哥·文图拉 (ESP) 6-7 6-46-2 6-3

马林·西里奇 (CRO) [30] 击败朱利安·贝内特乌 (FRA) 4-6 7-5 6-3 6-7 6-2

罗比·吉内普利 (USA) 击败阿玛尔·德里克 (USA) 6-1 6-2 7-6

罗伯特·肯德里克 (USA) 击败尼古拉斯·马胡 (FRA) 7-6 6-4 5-7 7-5

诺瓦克·德约科维奇 (SRB) [3] 击败阿诺·克莱芒 (FRA) 6-3 6-3 6-4

尼克莱·达维登科 (RUS) [5] 击败杜迪·塞拉 (ISR) 6-3 6-3 6-3

奥古斯丁·卡勒里 (ARG) 击败奥斯汀·克拉吉赛克 (USA) 6-2 6-2 6-1

维克多·哈内斯库 (ROU) 击败阿尔韦特·蒙塔涅斯 (ESP) 7-6 6-3 2-6 6-3

德米特里·图萨诺夫 (RUS) [26] 击败爱德华多·施万克 (ARG) 7-5 4-6 7-5 7-6

尼古拉斯·阿尔玛格洛 (ESP) [18] 击败弗兰克·丹切维奇 (CAN) 6-3 6-4 7-5

萨姆·沃伯格 (USA) 击败扬科·蒂普萨雷维奇 (SRB) 6-2 1-0 (蒂普萨雷维奇退赛)

吉勒斯·穆勒 (LUX) 击败洛朗·勒库代尔 (FRA) 6-4 6-0 4-6 6-4

汤米·哈斯 (GER) 击败理查德·加斯奎特 (FRA) [12] 6-7 6-4 5-7 7-5 6-2

费尔南多·沃达斯科 (ESP) [13] 击败伊戈尔·库尼岑 (RUS) 6-3 6-4 6-1

鲁伊·马查多 (POR) 击败里克·德·霍伊斯特 (ZA) 6-4 7-6 6-1

杰瑞米·查迪 (FRA) 击败费雷德里科·吉尔 (POR) 3-6 6-3 6-2 6-3

伊戈尔·安德烈耶夫 (RUS) [23] 击败马克·吉凯尔 (FRA) 7-6 6-4 6-4

拉德克·斯泰潘内克 (Cze) [28] 击败波蒂托·斯塔拉切 (ITA) 7-5 6-3 6-1

克里斯·古奇奥尼 (AUS) 击败杰西·列文 (USA) 6-3 3-6 7-6 7-6

迪亚戈·阿尔维斯 (BRA) 击败保罗·卡普狄维尔 (CHI) 4-6 1-6 6-1 7-6 6-4

罗杰·费德勒 (SUI) [2] 击败马克西莫·冈萨雷斯 (ARG) 6-3 6-0 6-3

第二轮

拉菲尔·纳达尔 (ESP) [1] 击败德哈特 (USA) 6-1 6-2 6-4

维克托·特洛伊基 (SRB) 击败菲利普·科尔什雷伯 (GER) [25] 2-6 6-3 6-4 3-0 (科尔什雷伯退赛)

山姆·奎里 (USA) 击败尼古拉斯·德维尔德 (FRA) 7-6 6-4 4-6 6-3

伊沃·卡洛维奇 (CRO) [14] 击败弗洛朗·塞拉 (FRA) 7-6 6-4 6-2

詹姆斯·布雷克 (USA) [9] 击败史蒂夫·达尔西斯 (BEL) 4-6 6-3 1-0 (达尔西斯退赛)

马迪·费什 (USA) 击败保罗·昂利·马休 (FRA)[24] 6-2 3-6 6-3 6-4

盖尔·孟菲尔斯 (FRA) [32] 击败叶甫根尼·科洛列夫 (KAZ) 6-2 6-3 3-6 6-4

大卫·纳尔班迪安 (ARG) 击败安德烈·格鲁贝夫 (KAZ) 6-2 6-4 6-2

大卫·费雷尔 (ESP) [4] 击败安德里亚斯·贝克 (GER) 4-6 7-5 6-3 7-6

锦织圭 (JPN) 击败罗科·卡兰纽西奇 (CRO) 6-1 7-5 (卡兰纽西奇退赛)

胡安·马丁·德尔波特罗 (ARG) [17] 击败托马斯·贝鲁奇 (BRA) 4-6 6-1 7-5 6-3

吉勒·西蒙 (FRA) [16] 击败何塞·阿卡苏索 (ARG) 6-4 6-1 6-4

斯坦尼斯拉夫·瓦林卡 (SUI) [10] 击败韦恩·奥德斯尼克 (USA) 6-4 7-6 6-2

弗拉维奥·奇泊拉 (ITA) 击败卢彦勋 (TPE) 6-1 4-6 7-6 6-4

约尔根·梅尔泽 (AUT) 击败杰里·瓦涅克 (Cze) 6-0 6-2 6-2

安迪·穆雷 (GBR) [6] 击败迈克尔·罗德拉 (FRA) 6-7 4-6 7-6 6-1 6-3

安迪·罗迪克 (USA) [8] 击败厄内斯特·古尔比斯 (LAT) 3-6 7-5 6-2 7-5

安德里亚斯·塞皮 (ITA) [31] 击败吉尔勒莫.加西亚·洛佩斯 (ESP) 6-2 4-6 6-2 6-2

亚尔科·内米南 (FIN) 击败伊沃·米纳尔 (Cze) 6-7 3-6 6-4 6-3 6-2

费尔南多·冈萨雷斯 (CHI) [11] 击败鲍比·雷诺兹 (USA) 7-6 6-4 6-4

汤米·罗布雷多 (ESP) [15] 击败马拉特·萨芬 (RUS) 4-6 7-6 6-4 6-0

乔·维尔弗雷德·特松加 (FRA) [19] 击败卡洛斯·莫亚 (ESP) 4-6 6-3 6-4 6-4

马林·西里奇 (CRO) [30] 击败罗比·吉内普利 (USA) 6-4 2-6 6-2 7-5

诺瓦克·德约科维奇 (SRB) [3] 击败罗伯特·肯德里克 (USA) 7-6 6-4 6-4

尼克莱·达维登科 (RUS) [5] 击败奥古斯丁·卡勒里 (ARG) 6-4 6-4 7-6

德米特里·图萨诺夫 (RUS) [26] 击败维克多·哈内斯库 (ROU) 6-7 6-3 6-4 6-2

尼古拉斯·阿尔玛格洛 (ESP) [18] 击败萨姆·沃伯格 (USA) 6-3 6-4 6-4

吉勒斯·穆勒 (LUX) 击败汤米·哈斯 (GER) 2-6 2-6 7-6 6-3 6-3

费尔南多·沃达斯科 (ESP) [13] 击败鲁伊·马查多 (POR) 6-7 7-6 6-4 6-7 6-0

伊戈尔·安德烈耶夫 (RUS) [23] 击败杰瑞米·查迪 (FRA) 7-6 6-4 6-3

拉德克·斯泰潘内克 (Cze) [28] 击败克里斯·古奇奥尼 (AUS) 6-4 6-4 6-7 6-2

罗杰·费德勒 (SUI) [2] 击败迪亚戈·阿尔维斯 (BRA) 6-3 7-6 6-4

第三轮

拉菲尔·纳达尔 (ESP) [1] 击败维克托·特洛伊基 (SRB) 6-4 6-3 6-0

山姆·奎里 (USA) 击败伊沃·卡洛维奇 (CRO) [14] 7-6 7-6 6-2

马迪·费什 (USA) 击败詹姆斯·布雷克 (USA) [9] 6-3 6-3 7-6

盖尔·孟菲尔斯 (FRA) [32] 击败大卫·纳尔班迪安 (ARG) 6-3 6-4 6-2

锦织圭 (JPN) 击败大卫·费雷尔 (ESP) [4] 6-4 6-4 3-6 2-6 7-5

胡安·马丁·德尔波特罗 (ARG) [17] 击败吉勒·西蒙 (FRA) [16] 6-4 6-7 6-1 3-6 6-3

斯坦尼斯拉夫·瓦林卡 (SUI) [10] 击败弗拉维奥·奇泊拉 (ITA) 5-7 6-7 6-4 6-0 6-4

安迪·穆雷 (GBR) [6] 击败约尔根·梅尔泽 (AUT) 6-7 4-6 7-6 6-1 6-3

安迪·罗迪克 (USA) [8] 击败安德里亚斯·塞皮 (ITA) [31] 6-2 7-5 7-6

费尔南多·冈萨雷斯 (CHI) [11] 击败亚尔科·内米南 (FIN) 7-5 6-4 6-7 6-1

汤米·罗布雷多 (ESP) [15] 击败乔·维尔弗雷德·特松加 (FRA) [19] 7-6 6-2 6-3

诺瓦克·德约科维奇 (SRB) [3] 击败马林·西里奇 (CRO) [30] 6-7 7-5 6-4 7-6

尼克莱·达维登科 (RUS) [5] 击败德米特里·图萨诺夫 (RUS) [26] 6-2 7-6 6-3

吉勒斯·穆勒 (LUX) 击败尼古拉斯·阿尔玛格洛 (ESP) [18] 6-7 3-6 7-6 7-6 7-5

伊戈尔·安德烈耶夫 (RUS) [23] 击败费尔南多·沃达斯科 (ESP) 6-2 6-4 6-4

罗杰·费德勒 (SUI) [2] 击败拉德克·斯泰潘内克 (Cze) [28] 6-3 6-3 6-2

第四轮

拉菲尔·纳达尔 (ESP) [1] 击败山姆·奎里 (USA) 6-2 5-7 7-6 6-3

马迪·费什 (USA) 击败盖尔·孟菲尔斯 (FRA) [32] 7-5 6-2 6-2

胡安·马丁·德尔波特罗 (ARG) [17] 击败锦织圭 (JPN) 6-3 6-4 6-3

安迪·穆雷 (GBR) [6] 击败斯坦尼斯拉夫·瓦林卡 (SUI) [10] 6-1 6-3 6-3

安迪·罗迪克 (USA) [8] 击败费尔南多·冈萨雷斯 (CHI) [11] 6-2 6-4 6-1

诺瓦克·德约科维奇 (SRB) [3] 击败汤米·罗布雷多 (ESP) [15] 4-6 6-2 6-3 5-7 6-3

吉勒斯·穆勒 (LUX) 击败尼克莱·达维登科 (RUS) [5] 6-4 4-6 6-3 7-6

罗杰·费德勒 (SUI) [2] 击败伊戈尔·安德烈耶夫 (RUS) [23] 6-7 7-6 6-3 3-6 6-3

四分之一决赛

拉菲尔·纳达尔 (ESP) [1] 击败马迪·费什 (USA) 3-6 6-1 6-4 6-2

安迪·穆雷 (GBR) [6] 击败胡安·马丁·德尔波特罗 (ARG) [17] 7-6 7-6 4-6 7-5

诺瓦克·德约科维奇 (SRB) [3] 击败安迪·罗迪克 (USA) [8] 6-2 6-3 3-6 7-6

罗杰·费德勒 (SUI) [2] 击败吉勒斯·穆勒 (LUX) 7-6 6-4 7-6

半决赛

安迪·穆雷 (GBR) [6] 击败拉菲尔·纳达尔 (ESP) [1] 6-2 7-6 4-6 6-4

罗杰·费德勒 (SUI) [2] 击败诺瓦克·德约科维奇 (SRB) [3] 6-3 5-7 7-5 6-2

决赛

罗杰·费德勒 (SUI) [2] 击败安迪·穆雷 (GBR) [6] 6-2 7-5 6-2

美网 2012

第一轮

罗杰·费德勒 (SWI) [1] 击败唐纳德·扬 (USA) 6-3 6-2 6-4

比约恩·法乌 (GER) 击败马克西姆·奥顿 (BEL) 6-2 4-6 6-4 7-6

阿尔伯特·拉莫斯 (ESP) 击败罗比·吉内普利 (USA) 6-7 7-5 6-4 6-0

费尔南多·沃达斯科 (ESP) [25] 击败鲁伊·马查多 (POR) 6-1 6-2 6-4

马迪·费什 (USA) [23] 击败添田豪 (JPN) 7-6 7-6 6-3

尼克莱·达维登科 (RUS) 击败圭多·佩拉 (ARG) 7-5 3-6 6-4 6-2

王宇佐 (TPE) 击败伊沃·卡洛维奇 (CRO) 7-6 6-7 6-1 6-4

吉勒·西蒙 (FRA) [16] 击败迈克尔·鲁塞尔 (USA) 7-6 3-6 5-7 6-4 6-1

尼古拉斯·阿尔玛格洛 (ESP) [11] 击败拉德克·斯泰潘内克 (Cze) 6-4 6-7 6-3 6-4

菲利普·普兹斯内尔 (GER) 击败尼古拉斯·马胡 (FRA) 1-6 4-6 6-4 7-5 7-6

弗拉维奥·奇泊拉 (ITA) 击败布莱兹·卡夫西奇 (SLO) 6-4 7-6 3-6 6-3

杰克·索克 (USA) 击败弗洛里安·梅耶尔 (GER) [22] 6-3 6-2 3-2 (梅耶尔退赛)

山姆·奎里 (USA) [27] 击败卢彦勋 (TPE) 6-7 6-4 6-4 7-5

鲁本·拉米雷斯·海达哥 (ESP) 击败索姆得夫·狄瓦曼 (IND) 6-3 6-2 3-6 6-4

于尔根·措普 (EST) 击败丹尼斯·伊斯托明 (UZB) 3-6 6-3 6-3 7-5

托马斯·伯蒂奇 (Cze) [6] 击败大卫·戈芬 (BEL) 7-5 6-3 6-3

安迪·穆雷 (GBR) [3] 击败亚力克斯·波戈莫洛夫 (RUS) 6-2 6-4 6-4

伊万·多迪格 (CRO) 击败 Hiroki Moriya (JPN) 6-0 6-1 6-2

帕布洛·安度阿尔 (ESP) 击败托马斯·贝鲁奇 (BRA) 7-6 (7-5) 3-6 7-6 7-5

菲里西亚诺·洛佩兹 (ESP) [30] 击败罗宾·哈泽 (NED) 6-3 7-5 6-2

马塞尔·格拉诺勒斯 (ESP) [24] 击败 Denis Kudla (USA) 6-3 4-6 6-3 7-6

詹姆斯·布雷克 (USA) 击败卢卡斯·拉科 (SVK) 7-5 6-2 3-6 6-3

保罗·昂利·马休 (FRA) 击败伊戈尔·安德烈耶夫 (RUS) 2-6 4-6 7-6 7-6 6-1

米洛斯·拉奥尼奇 (CAN) [15] 击败桑地亚哥·吉拉尔多 (COL) 6-3 4-6 3-6 6-4 6-4

马林·西里奇 (CRO) [12] 击败马林卡·马托塞维奇 (AUS) 5-7 2-6 6-4 6-2 6-4

丹尼尔·布兰德斯 (GER) 击败安德里安·恩格尔 (ROM) 7-6 6-4 7-6

蒂姆·斯米克扎 (USA) 击败鲍比·雷诺兹 (USA) 1-6 6-4 6-2 4-6 6-4

锦织圭 (JPN) [17] 击败吉多·安德烈奥齐 (ARG) 6-1 6-2 6-4

杰瑞米·查迪 (FRA) [32] 击败菲利波·沃兰德里 (ITA) 6-3 6-4 6-3

马休·伊布登 (AUS) 击败伊藤龙马 (JPN) 7-6 6-3 6-2

马丁·克里赞 (SVK) 击败亚利桑德罗·法拉 (COL) 6-4 6-1 6-2

乔·维尔弗雷德·特松加 (FRA) [5] 击败卡莱尔·贝克 (SVK) 6-3 6-1 7-6

扬科·蒂普萨雷维奇 (SRB) [8] 击败吉约姆·鲁芬 (FRA) 4-6 3-6 6-2 6-3 6-2

布莱恩·贝克 (USA) 击败简·厄尼奇 (Cze) 6-3 6-4 6-2

格雷格·泽姆利亚 (SLO) 击败里卡多·米洛 (BRA) 7-5 7-6 7-5

塞德里克·马塞尔·斯泰皮 (GER) 击败维克托·特洛伊基 (SRB) [29] 6-4 6-4 3-6 6-2

菲利普·科尔什雷伯 (GER) [19] 击败迈克尔·罗德拉 (FRA) 7-6 4-6 7-6 6-1

贝努瓦·帕尔雷 (FRA) 击败格里戈尔·迪米特洛夫 (BUL) 5-7 6-3 7-6 6-2

雅柯·涅米宁 (FIN) 击败米哈伊尔·库库什金 (KAZ) 6-0 6-2 ret

约翰·伊斯内尔 (USA) [9] 击败沙维亚·马里塞 (BEL) 6-3 7-6 5-7 7-6

理查德·加斯奎特 (FRA) [13] 击败阿尔韦特·蒙塔涅斯 (ESP) 4-6 6-2 6-3 6-3

布拉德利·克拉恩 (USA) 击败约尔根·梅尔泽 (AUT) 4-6 6-3 7-5 5-7 6-4

斯蒂夫·约翰森 (USA) 击败拉杰夫·拉姆 (USA) 6-3 7-6 6-3

厄内斯特·古尔比斯 (LAT) 击败汤米·哈斯 (GER) [21] 3-6 4-6 6-4 7-5 6-3

吉尔斯·穆勒 (LUX) 击败米哈伊尔·尤兹尼 (RUS) [28] 2-6 3-6 7-5 7-6 7-6

莱顿·休伊特 (AUS) 击败托比亚斯·卡姆克 (GER) 4-6 6-2 6-1 6-4

伊戈尔·西里宁 (NED) 击败丹尼尔·海姆恩欧·特拉弗尔 (ESP) 7-5 6-3 6-4

大卫·费雷尔 (ESP) [4] 击败凯文·安德森 (RSA) 6-4 6-2 7-6

胡安·马丁·德尔波特罗 (ARG) [7] 击败弗洛朗·塞拉 (FRA) 6-4 7-6 6-4

瑞恩·哈里森 (USA) 击败本杰明·贝克尔 (GER) 7-5 6-4 6-2

莱昂纳多·梅耶尔 (ARG) 击败卢卡斯·库波特 (POL) 6-4 6-4 7-5

汤米·罗布雷多 (ESP) 击败安德里亚斯·塞皮 (ITA) [26] 6-1 7-5 6-3

安迪·罗迪克 (USA) [20] 击败赖恩·威廉姆斯 (USA) 6-3 6-4 6-4

伯纳德·托米奇 (AUS) 击败卡洛斯·博洛克 (ARG) 4-6 7-5 6-3 6-4

法比奥·弗格尼尼 (ITA) 击败爱德华·罗格·瓦塞林 (FRA) 3-6 5-7 6-4 6-4 7-5

奎勒莫·加西亚·洛佩兹 (ESP) 击败胡安·摩纳哥 (ARG) [10] 3-6 1-6 6-4 7-6 7-6

奥莱克桑德·德尔戈波洛夫 (UKR) [14] 击败杰西·列文 (USA) 3-6 4-6 6-4 6-1 6-2

马科斯·巴格达蒂斯 (CYP) 击败马提亚·巴青格尔 (GER) 6-2 4-6 6-4 6-7 7-6

史蒂夫·达尔西斯 (BEL) 击败马莱克·贾兹里 (TUN) 3-6 6-1 6-1 6-1

斯坦·瓦林卡 (SWI) [18] 击败塞尔吉·斯塔霍夫斯基 (UKR) 6-7 7-6 6-4 6-2

朱利安·贝内特乌 (FRA) [31] 击败奥利弗·罗克斯 (BEL) 7-6 6-2 6-3

丹尼斯·诺维科夫 (USA) 击败耶兹·扬诺维茨 (POL) 6-2 7-6 3-6 6-3

罗热·杜特拉·达席尔瓦 (BRA) 击败坦穆拉兹·加巴什维利 (RUS) 4-6 6-4 6-7 6-3 7-5

诺瓦克·德约科维奇 (SRB) [2] 击败帕奥罗·罗伦兹 (ITA) 6-1 6-0 6-1

第二轮

罗杰·费德勒 (SWI) [1] 击败比约恩·法乌 (GER) 6-2 6-3 6-2

费尔南多·沃达斯科 (ESP) [25] 击败阿尔伯特·拉莫斯 (ESP) 7-6 5-7 7-6 6-4

马迪·费什 (USA) [23] 击败尼克莱·达维登科 (RUS) 4-6 6-7 6-2 6-1 6-2

吉勒·西蒙 (FRA) [16] 击败王宇佐 (TPE) 6-4 4-6 6-4 6-4

尼古拉斯·阿尔玛格洛 (ESP) [11] 击败菲利普·普兹斯内尔 (GER) 6-3 5-7 5-7 6-4 6-4

杰克·索克 (USA) 击败弗拉维奥·奇泊拉 (ITA) 6-2 6-2 6-4

山姆·奎里 (USA) [27] 击败鲁本·拉米雷斯·海达哥 (ESP) 6-3 6-4 6-3

托马斯·伯蒂奇 (Cze) [6] 击败于尔根·措普 (EST) 6-1 6-4 6-2

安迪·穆雷 (GBR) [3] 击败伊万·多迪格 (CRO) 6-2 6-1 6-3

菲里西亚诺·洛佩兹 (ESP) [30] 击败帕布洛·安度阿尔 (ESP) 6-4 6-1 6-7 3-6 7-5

詹姆斯·布雷克 (USA) 击败马塞尔·格拉诺勒斯 (ESP) [24] 6-1 6-4 6-2

米洛斯·拉奥尼奇 (CAN) [15] 击败保罗·昂利·马休 (FRA) 7-5 6-4 7-6

马林·西里奇 (CRO) [12] 击败丹尼尔·布兰德斯 (GER) 6-3 6-2 5-7 4-6 7-5

锦织圭 (JPN) [17] 击败蒂姆·斯米克扎 (USA) 6-2 6-2 6-4

杰瑞米·查迪 (FRA) [32] 击败马休·伊布登 (AUS) 6-4 6-2 6-2

马丁·克里赞 (SVK) 击败乔·维尔弗雷德·特松加 (FRA) [5] 6-4 1-6 6-1 6-3

扬科·蒂普萨雷维奇 (SRB) [8] 击败布莱恩·贝克 (USA) 6-4 6-3 6-4

格雷格·泽姆利亚 (SLO) 击败塞德里克·马塞尔·斯泰皮 (GER) 6-4 2-6 6-4 6-4

菲利普·科尔什雷伯 (GER) [19] 击败贝努瓦·帕尔雷 (FRA) 6-7 6-3 3-6 6-2 7-6

约翰·伊斯内尔 (USA) [9] 击败雅柯·涅米宁 (FIN) 6-3 6-7 6-4 6-3

理查德·加斯奎特 (FRA) [13] 击败布拉德利·克拉恩 (USA) 6-3 6-3 6-1

斯蒂夫·约翰森 (USA) 击败厄内斯特·古尔比斯 (LAT) 6-7 7-6 6-3 6-4

莱顿·休伊特 (AUS) 击败吉尔斯·穆勒 (LUX) 3-6 7-6 6-7 7-5 6-4

大卫·费雷尔 (ESP) [4] 击败伊戈尔·西里宁 (NED) 6-2 6-3 7-6

胡安·马丁·德尔波特罗 (ARG) [7] 击败瑞恩·哈里森 (USA) 6-2 6-3 2-6 6-2

莱昂纳多·梅耶尔 (ARG) 击败汤米·罗布雷多 (ESP) 6-1 6-4 4-6 7-5

安迪·罗迪克 (USA) [20] 击败伯纳德·托米奇 (AUS) 6-3 6-4 6-0

法比奥·弗格尼尼 (ITA) 击败奎勒莫·加西亚·洛佩兹 (ESP) 6-4 6-4 6-2

奥莱克桑德·德尔戈波洛夫 (UKR) [14] 击败马科斯·巴格达蒂斯 (CYP) 6-4 3-6 6-0 7-6

斯坦·瓦林卡 (SWI) [18] 击败史蒂夫·达尔西斯 (BEL) 6-7 6-3 4-6 6-1 7-5

朱利安·贝内特乌 (FRA) [31] 击败丹尼斯·诺维科夫 (USA) 3-6 6-4 7-6 7-5

诺瓦克·德约科维奇 (SRB) [2] 击败罗热·杜特拉·达席尔瓦 (BRA) 6-2 6-1 6-2

第三轮

罗杰·费德勒 (SWI) [1] 击败费尔南多·沃达斯科 (ESP) [25] 6-3 6-4 6-4

马迪·费什 (USA) [23] 击败吉勒·西蒙 (FRA) [16] 6-1 5-7 7-6 6-3

尼古拉斯·阿尔玛格洛 (ESP) [11] 击败杰克·索克 (USA) 7-6 6-7 7-6 6-1

托马斯·伯蒂奇 (Cze) [6] 击败山姆·奎里 (USA) [27] 6-7 6-4 6-3 6-2

安迪·穆雷 (GBR) [3] 击败菲里西亚诺·洛佩兹 (ESP) [30] 7-6 7-6 4-6 7-6

米洛斯·拉奥尼奇 (CAN) [15] 击败詹姆斯·布雷克 (USA) 6-3 6-0 7-6

马林·西里奇 (CRO) [12] 击败锦织圭 (JPN) [17] 6-3 6-4 6-7 6-3

马丁·克里赞 (SVK) 击败杰瑞米·查迪 (FRA) [32] 6-4 6-4 6-4

扬科·蒂普萨雷维奇 (SRB) [8] 击败格雷格·泽姆利亚 (SLO) 6-4 6-3 7-5

菲利普·科尔什雷伯 (GER) [19] 击败约翰·伊斯内尔 (USA) [9] 6-4 3-6 4-6 6-3 6-4

理查德·加斯奎特 (FRA) [13] 击败斯蒂夫·约翰森 (USA) 7-6 6-2 6-3

大卫·费雷尔 (ESP) [4] 击败莱顿·休伊特 (AUS) 7-6 4-6 6-3 6-0

胡安·马丁·德尔波特罗 (ARG) [7] 击败莱昂纳多·梅耶尔 (ARG) 6-3 7-5 7-6

安迪·罗迪克 (USA) [20] 击败法比奥·弗格尼尼 (ITA) 7-5 7-6 4-6 6-4

斯坦·瓦林卡 (SWI) [18] 击败奥莱克桑德·德尔戈波洛夫 (UKR) [14]

诺瓦克·德约科维奇 (SRB) [2] 击败朱利安·贝内特乌 (FRA) [31] 6-3 6-2 6-2

第四轮

罗杰·费德勒 (SWI) [1] w/o 马迪·费什 (USA) [23]

托马斯·伯蒂奇 (Cze) [6] 击败尼古拉斯·阿尔玛格洛 (ESP) [11] 7-6 6-4 6-1

安迪·穆雷 (GBR) [3] 击败米洛斯·拉奥尼奇 (CAN) [15] 6-4 6-4 6-2

马林·西里奇 (CRO) [12] 击败马丁·克里赞 (SVK) 7-5 6-4 6-0

扬科·蒂普萨雷维奇 (SRB) [8] 击败菲利普·科尔什雷伯 (GER) [19] 6-3 7-6 6-2

大卫·费雷尔 (ESP) [4] 击败理查德·加斯奎特 (FRA) [13] 7-5 7-6 6-4

胡安·马丁·德尔波特罗 (ARG) [7] 击败安迪·罗迪克 (USA) [20] 6-7 7-6 6-2 6-4

诺瓦克·德约科维奇 (SRB) [2] 击败斯坦·瓦林卡 (SWI) [18] 6-4 6-1 3-1（瓦林卡退赛）

四分之一决赛

托马斯·伯蒂奇 (Cze) [6] 击败罗杰·费德勒 (SWI) [1] 7-6 6-4 3-6 6-3

安迪·穆雷 (GBR) [3] 击败马林·西里奇 (CRO) [12] 3-6 7-6 6-2 6-0

大卫·费雷尔 (ESP) [4] 击败扬科·蒂普萨雷维奇 (SRB) [8] 6-3 6-7 2-6 6-3 7-6

诺瓦克·德约科维奇 (SRB) [2] 击败胡安·马丁·德尔波特罗 (ARG) [7] 6-2 7-6 6-4

半决赛

安迪·穆雷 (GBR) [3] 击败托马斯·伯蒂奇 (Cze) [6] 5-7 6-2 6-1 7-6

诺瓦克·德约科维奇 (SRB) [2] 击败大卫·费雷尔 (ESP) [4] 2-6 6-1 6-4 6-2

决赛

安迪·穆雷 (GBR) [3] 击败诺瓦克·德约科维奇 (SRB) [2] 7-6 7-5 2-6 3-6 6-2

温网 2012

第一轮

诺瓦克·德约科维奇 (SRB) [1] 击败胡安·卡洛斯·费雷罗 (ESP) 6-3 6-3 6-1

瑞恩·哈里森 (USA) 击败卢彦勋 (TPE) 4-6 6-3 6-4 6-2

本杰明·贝克尔 (GER) 击败詹姆斯·布雷克 (USA) 6-7 7-5 6-0 6-4

拉德克·斯泰潘内克 (Cze) [28] 击败塞尔吉·斯塔霍夫斯基 (UKR) 6-1 1-0 (斯塔霍夫斯基退赛)

维克托·特洛伊基 (SRB) 击败马塞尔·格拉诺勒斯 (ESP) 7-5 7-6 3-6 2-6 8-6

马丁·克里赞 (SVK) 击败胡安·伊格纳西奥·切拉 (ARG) 7-5 3-6 7-6 1-6 11-9

杰瑞米·查迪 (FRA) 击败菲利波·沃兰德里 (ITA) 6-0 6-1 1-0 (Volandri retired)

胡安·摩纳哥 (ARG) [15] 击败莱昂纳多·梅耶尔 (ARG) 6-4 7-6 7-6

尼古拉斯·阿尔玛格洛 (ESP) [12] 击败奥利弗·罗克斯 (BEL) 6-7 3-6 7-6 6-2 6-4

吉约姆·鲁芬 (FRA) 击败史蒂夫·达尔西斯 (BEL) 6-4 3-6 5-7 6-4 6-4

鲁本·贝梅尔曼斯 (BEL) 击败卡洛斯·博洛克 (ARG) 7-5 6-7 6-3 7-6

理查德·加斯奎特 (FRA) [18] 击败托比亚斯·卡姆克 (GER) 6-2 6-2 6-2

弗洛里安·梅耶尔 (GER) [31] 击败德米特里·图萨诺夫 (RUS) 7-6 6-2 6-3

菲利普·普兹斯内尔 (GER) 击败布莱兹·卡夫西奇 (SLO) 6-4 6-4 6-2

耶兹·扬诺维茨 (POL) 击败西蒙尼·伯莱里 (ITA) 3-6 6-3 6-3 6-3

厄内斯特·古尔比斯 (LAT) 击败托马斯·伯蒂奇 (Cze) [6] 7-6 7-6 7-6

罗杰·费德勒 (SUI) [3] 击败阿尔伯特·拉莫斯 (ESP) 6-1 6-1 6-1

法比奥·弗格尼尼 (ITA) 击败迈克尔·罗德拉 (FRA) 3-6 6-3 6-4 7-5

迈克尔·鲁塞尔 (USA) 击败阿德里安·梅嫩德斯·蒙那德兹 (ESP) 6-3 6-1 7-6

朱利安·贝内特乌 (FRA) [29] 击败吉尔斯·穆勒 (LUX) 6-2 7-5 7-6

费尔南多·沃达斯科 (ESP) [17] 击败王宇佐 (TPE) 7-6 6-4 7-5

格雷格·泽姆利亚 (SLO) 击败约书亚·古道尔 (GBR) 6-4 3-6 7-6 6-4

沙维亚·马里塞 (BEL) 击败马林卡·马托塞维奇 (AUS) 6-2 6-2 7-5

吉勒·西蒙 (FRA) [13] 击败保罗·昂利·马休 (FRA) 6-3 5-4（马休退赛）

亚利桑德罗·法拉 (COL) 击败约翰·伊斯内尔 (USA) [11] 6-4 6-7 3-6 7-6 7-5

尼古拉斯·马胡 (FRA) 击败帕奥罗·罗伦兹 (ITA) 6-3 5-7 6-7 7-5 6-2

伊戈尔·安德烈耶夫 (RUS) 击败奥利弗·戈尔丁 (GBR) 6-1 7-6 7-6 7-5

丹尼斯·伊斯托明 (UZB) 击败安德里亚斯·塞皮 (ITA) 6-7 6-4 3-6 6-3 8-6

米哈伊尔·尤兹尼 (RUS) [26] 击败唐纳德·扬 (USA) 4-6 6-3 6-2 6-3

伊尼戈·塞万提斯 (ESP) 击败弗拉维奥·奇泊拉 (ITA) 2-6 6-7 6-3 6-2 6-1

瑞恩·斯威汀 (USA) 击败波蒂托·斯塔拉切 (ITA) 6-2 2-0（斯塔拉切退赛）

扬科·蒂普萨雷维奇 (SRB) [8] 击败大卫·纳尔班迪安 (ARG) 6-4 7-6 6-2

大卫·费雷尔 (ESP) [7] 击败达斯汀·布朗 (GER) 7-6 6-4 6-4

肯尼·德·舍佩尔 (FRA) 击败马提亚·巴青格尔 (GER) 6-4 6-2 6-2

比约恩·法乌 (GER) 击败韦恩·奥德斯尼克 (USA) 6-3 3-6 7-6 3-6 4-6

安迪·罗迪克 (USA) 击败杰米·贝克 (GBR) 7-6 6-4 7-5

锦织圭 (JPN) [19] 击败米哈伊尔·库库什金 (KAZ) 7-6 6-3 6-4

弗洛朗·塞拉 (FRA) 击败安德烈·库兹涅佐夫 (RUS) 3-6 7-6 6-4 4-6 6-4

添田豪 (JPN) 击败伊戈尔·库尼岑 (RUS) 6-3 6-2 6-1

胡安·马丁·德尔波特罗 (ARG) [9] 击败罗宾·哈泽 (NED) 6-4 3-6 7-6 7-5

马林·西里奇 (CRO) [16] 击败塞德里克·马塞尔·斯泰皮 (GER) 6-4 3-6 6-3 6-2

卢卡斯·库波特 (POL) 击败伊藤龙马 (JPN) 7-6 6-3 6-3

山姆·奎里 (USA) 击败瓦谢克·波斯皮希尔 (CAN) 7-5 6-7 6-3 6-4

米洛斯·拉奥尼奇 (CAN) [21] 击败桑地亚哥·吉拉尔多 (COL) 6-4 6-4 6-4

格里戈尔·迪米特洛夫 (BUL) 击败凯文·安德森 (RSA) 7-5 7-6 6-7 6-3

马科斯·巴格达蒂斯 (CYP) 击败阿尔韦特·蒙塔涅斯 (ESP) 6-2 6-4 6-4

伊沃·卡洛维奇 (CRO) 击败杜迪·塞拉 (ISR) 6-4 6-4 7-6

安迪·穆雷 (GBR) [4] 击败尼克莱·达维登科 (RUS) 6-1 6-1 6-4

乔·维尔弗雷德·特松加 (FRA) [5] 击败莱顿·休伊特 (AUS) 6-3 6-4 6-4

奎勒莫·加西亚·洛佩兹 (ESP) 击败爱德华·罗杰·瓦瑟兰 (FRA) 6-7 6-3 7-6 5-7 10-8

卢卡斯·拉科 (SVK) 击败安德里安·恩格尔 (ROU) 7-6 6-1 6-3

约尔根·梅尔泽 (AUT) 击败斯坦尼斯拉夫·瓦林卡 (SUI) [25] 3-6 7-6 2-6 6-4 8-6

大卫·戈芬 (BEL) 击败伯纳德·托米奇 (AUS) [20] 3-6 6-3 6-4 6-4

杰西·列文 (USA) 击败卡莱尔·贝克 (SVK) 6-4 6-7 6-3 6-2

詹姆斯·沃德 (GBR) 击败帕布洛·安度阿尔 (ESP) 4-6 6-0 3-6 6-3 6-3

马迪·费什 (USA) 击败鲁本·拉米雷斯·海达哥 (ESP) 7-6 7-5 7-5

雅柯·涅米宁 (FIN) 击败菲里西亚诺·洛佩兹 (ESP) [14] 7-6 3-6 7-6 6-4

布莱恩·贝克 (USA) 击败鲁伊·马查多 (POR) 7-6 6-4 6-0

贝努瓦·帕尔雷 (FRA) 击败马休·伊布登 (AUS) 6-1 6-3 6-7 6-3

奥莱克桑德·德尔戈波洛夫 (UKR) [22] 击败亚力克斯·波戈莫洛夫 (RUS) 6-3 6-4 7-5

菲利普·科尔什雷伯 (GER) [27] 击败汤米·哈斯 (GER) 3-6 7-6 6-7 7-6 6-2

马莱克·贾兹里 (TUN) 击败于尔根·措普 (EST) 4-6 4-6 6-3 6-4 9-7

卢卡斯·罗索尔 (Cze) 击败伊万·多迪格 (CRO) 6-4 3-6 7-6 7-5

拉菲尔·纳达尔 (ESP) [2] 击败托马斯·贝鲁奇 (BRA) 7-6 6-2 6-3

第二轮

诺瓦克·德约科维奇 (SRB) [1] 击败瑞恩·哈里森 (USA) 6-4 6-4 6-4

拉德克·斯泰潘内克 (Cze) [28] 击败本杰明·贝克尔 (GER) 6-2 7-6 6-3

维克托·特洛伊基 (SRB) 击败马丁·克里赞 (SVK) 6-4 4-6 5-7 7-6 6-4

胡安·摩纳哥 (ARG) [15] 击败杰瑞米·查迪 (FRA) 6-2 3-6 6-3 7-6

尼古拉斯·阿尔玛格洛 (ESP) [12] 击败吉约姆·鲁芬 (FRA) 6-2 5-7 6-2 6-4

理查德·加斯奎特 (FRA) [18] 击败鲁本·贝梅尔曼斯 (BEL) 6-3 6-4 6-4

弗洛里安·梅耶尔 (GER) [31] 击败菲利普·普兹斯内尔 (GER) 3-6 3-6 6-4 6-2 6-4

耶兹・扬诺维茨 (POL) 击败厄内斯特・古尔比斯 (LAT) 2-6 6-4 3-6 7-6 9-7

罗杰・费德勒 (SUI) [3] 击败法比奥・弗格尼尼 (ITA) 6-1 6-3 6-2

朱利安・贝内特乌 (FRA) [29] 击败迈克尔・鲁塞尔 (USA) 7-6 2-6 6-4 7-5

费尔南多・沃达斯科 (ESP) [17] 击败格雷格・泽姆利亚 (SLO) 7-6 7-6 3-6 6-3

沙维亚・马里塞 (BEL) 击败吉勒・西蒙 (FRA) [13] 6-4 6-4 7-6

亚利桑德罗・法拉 (COL) 击败尼古拉斯・马胡 (FRA) 6-4 6-3 4-6 4-6 7-5

丹尼斯・伊斯托明 (UZB) 击败伊戈尔・安德烈耶夫 (RUS) 6-3 7-6 4-6 6-2

米哈伊尔・尤兹尼 (RUS) [26] 击败伊尼戈・塞万提斯 (ESP) 6-1 6-3 6-4

扬科・蒂普萨雷维奇 (SRB) [8] 击败瑞恩・斯威汀 (USA) 5-7 7-5 6-4 6-2

大卫・费雷尔 (ESP) [7] 击败肯尼・德・舍佩尔 (FRA) 7-6 6-2 6-4

安迪・罗迪克 (USA) 击败比约恩・法乌 (GER) 6-3 7-6 6-3

锦织圭 (JPN) [19] 击败弗洛朗・塞拉 (FRA) 6-3 7-5 6-2

胡安・马丁・德尔波特罗 (ARG) [9] 击败添田豪 (JPN) 6-2 6-3 1-6 6-4

马林・西里奇 (CRO) [16] 击败卢卡斯・库波特 (POL) 7-6 6-2 6-1

山姆・奎里 (USA) 击败米洛斯・拉奥尼奇 (CAN) [21] 6-7 7-6 7-6 6-4

马科斯・巴格达蒂斯 (CYP) 击败格里戈尔・迪米特洛夫 (BUL) 7-5 4-1（迪米特洛夫退赛）

安迪・穆雷 (GBR) [4] 击败伊沃・卡洛维奇 (CRO) 7-5 6-7 6-2 7-6

乔・维尔弗雷德・特松加 (FRA) [5] 击败奎勒莫・加西亚・洛佩兹 (ESP) 6-7 6-4 6- 6-3

卢卡斯・拉科 (SVK) 击败约尔根・梅尔泽 (AUT) 6-4 6-7 3-6 6-3 6-4

大卫・戈芬 (BEL) 击败杰西・列文 (USA) 4-6 6-4 6-1 6-3

马迪・费什 (USA) 击败詹姆斯・沃德 (GBR) 6-3 5-7 6-4 6-7 6-3

布莱恩・贝克 (USA) 击败雅柯・涅米宁 (FIN) 6-0 6-2 6-4

贝努瓦・帕尔雷 (FRA) 击败奥莱克桑德・德尔戈波洛夫 (UKR) [22] 7-6 6-4 6-4

菲利普・科尔什雷伯 (GER) [27] 击败马莱克・贾兹里 (TUN) 6-1 7-6 6-1

卢卡斯・罗索尔 (Cze) 击败拉菲尔・纳达尔 (ESP) [2] 6-7 6-4 6-4 2-6 6-4

第三轮

诺瓦克·德约科维奇 (SRB) [1] 击败拉德克·斯泰潘内克 (Cze) [28] 4-6 6-2 6-2 6-2

维克托·特洛伊基 (SRB) 击败胡安·摩纳哥 (ARG) [15] 7-5 7-5 6-3

理查德·加斯奎特 (FRA) [18] 击败尼古拉斯·阿尔马格洛 (ESP) [12] 6-3 6-4 6-4

弗洛里安·梅耶尔 (GER) [31] 击败耶兹·扬诺维茨 (POL) 7-6 3-6 2-6 6-3 7-5

罗杰·费德勒 (SUI) [3] 击败朱利安·贝内特乌 (FRA) [29] 4-6 6-7 6-2 7-6 6-1

沙维亚·马里塞 (BEL) 击败费尔南多·沃达斯科 (ESP) [17] 1-6 7-6 6-1 4-6 6-3

丹尼斯·伊斯托明 (UZB) 击败亚利桑德罗·法拉 (COL) 6-3 6-4 3-6 7-6

米哈伊尔·尤兹尼 (RUS) [26] 击败扬科·蒂普萨雷维奇 (SRB) [8] 6-3 6-4 3-6 6-3

大卫·费雷尔 (ESP) [7] 击败安迪·罗迪克 (USA) 2-6 7-6 6-4 6-3

胡安·马丁·德尔波特罗 (ARG) [9] 击败锦织圭 (JPN) [19] 6-3 7-6 6-1

马林·西里奇 (CRO) [16] 击败山姆·奎里 (USA) 7-6 6-4 6-2 6-7 17-15

安迪·穆雷 (GBR) [4] 击败马科斯·巴格达蒂斯 (CYP) 7-5 3-6 7-5 6-1

乔·维尔弗雷德·特松加 (FRA) [5] 击败卢卡斯·拉科 (SVK) 6-4 6-3 6-3

马迪·费什 (USA) 击败大卫·戈芬 (BEL) 6-3 7-6 7-6

布莱恩·贝克 (USA) 击败贝努瓦·帕尔雷 (FRA) 6-4 4-6 6-1 6-3

菲利普·科尔什雷伯 (GER) [27] 击败卢卡斯·罗索尔 (Cze) 6-2 6-3 7-6

第四轮

诺瓦克·德约科维奇 (SRB) [1] 击败维克托·特洛伊基 (SRB) 6-3 6-1 6-3

弗洛里安·梅耶尔 (GER) [31] 击败理查德·加斯奎特 (FRA) [18] 6-3 6-1 3-6 6-2

罗杰·费德勒 (SUI) [3] 击败沙维亚·马里塞 (BEL) 7-6 6-1 4-6 6-3

米哈伊尔·尤兹尼 (RUS) [26] 击败丹尼斯·伊斯托明 (UZB) 6-3 5-7 6-4 6-7 7-5

大卫·费雷尔 (ESP) [7] 击败胡安·马丁·德尔波特罗 (ARG) [9] 6-3 6-2 6-3

安迪·穆雷 (GBR) [4] 击败马林·西里奇 (CRO) [16] 7-5 6-2 6-3

乔·维尔弗雷德·特松加 (FRA) [5] 击败马迪·费什 (USA) 4-6 7-6 6-4 6-4

菲利普·科尔什雷伯 (GER) [27] 击败布莱恩·贝克 (USA) 6-1 7-6 6-3

四分之一决赛

诺瓦克·德约科维奇 (SRB) [1] 击败弗洛里安·梅耶尔 (GER) [31] 6-4 6-1 6-4

罗杰·费德勒 (SUI) [3] 击败米哈伊尔·尤兹尼 (RUS) [26] 6-1 6-2 6-2

安迪·穆雷 (GBR) [4] 击败大卫·费雷尔 (ESP) [7] 6-7 7-6 6-4 7-6

乔·维尔弗雷德·特松加 (FRA) [5] 击败菲利普·科尔什雷伯 (GER) [27]

半决赛

罗杰·费德勒 (SUI) [3] 击败诺瓦克·德约科维奇 (SRB) [1] 6-3 3-6 6-4 6-3

安迪·穆雷 (GBR) [4] 击败乔·维尔弗雷德·特松加 (FRA) [5] 6-3 6-4 3-6 7-5

决赛

罗杰·费德勒 (SUI) [3] 击败安迪·穆雷 (GBR) [4] 4-6 7-5 6-3 6-4

温网 2013

第一轮

诺瓦克·德约科维奇 (SRB) [1] 击败弗洛里安·梅耶尔 (GER) 6-3 7-5 6-4

鲍比·雷诺兹 (USA) 击败斯蒂夫·约翰森 (USA) 1-6 7-6 6-3 6-7 6-4

简·伦纳德·施特鲁夫 (GER) 击败布莱兹·卡夫西奇 (SLO) 6-4 6-1 6-3

杰瑞米·查迪 (FRA) [28] 击败瑞恩·哈里森 (USA) 7-6 4-6 7-5 6-2

菲里西亚诺·洛佩兹 (ESP) 击败吉勒·西蒙 (FRA) [19] 6-2 6-4 7-6

保罗·昂利·马休 (FRA) 击败理查德·比兰基斯 (LTU) 7-6 7-5 6-7 6-4

王宇佐 (TPE) 击败韦恩·奥德斯尼克 (USA) 7-6 4-6 6-2 3-6 7-5

汤米·哈斯 (GER) 击败德米特里·图萨诺夫 (RUS) 6-3 7-5 7-5

理查德·加斯奎特 (FRA) [9] 击败马塞尔·格拉诺勒斯 (ESP) 6-7 6-4 7-5 6-4

添田豪 (JPN) 击败安德烈斯·海德尔 - 毛瑞尔 (AUT) 7-6 7-5 6-1

詹姆斯·布雷克 (USA) 击败西莫·德巴克尔 (NED) 6-1 6-3 6-2

伯纳德·托米奇 (AUS) 击败山姆·奎里 (USA) [21] 7-6 7-6 3-6 2-6 6-3

凯文·安德森 (RSA) [27] 击败奥利弗·罗克斯 (BEL) 6-4 6-2 6-1

迈克尔·柏兹西兹尼 (POL) 击败菲利普·普兹斯内尔 (GER) 6-3 7-6 6-0

丹尼尔·布兰德斯 (GER) 击败丹尼尔·海姆恩欧·特拉弗尔 (ESP) 7-6 6-7 6-7 6-1 6-4

托马斯·伯蒂奇 (Cze) [7] 击败马丁·克里赞 (SVK) 6-3 6-4 6-4

大卫·费雷尔 (ESP) [4] 击败马丁·阿伦德 (ARG) 6-1 4-6 7-5 6-2

罗伯托·布蒂斯塔·阿古特 (ESP) 击败坦穆拉兹·加巴什维利 (RUS) 6-3 6-4 7-6

桑地亚哥·吉拉尔多 (COL) 击败菲利普·科尔什雷伯 (ARG) 3-6 7-6 6-7 6-1 6-3

奥莱克桑德·德尔戈波洛夫 (UKR) 击败加斯塔奥·伊莱亚斯 (POR) 6-1 7-6 6-2

米洛斯·拉奥尼奇 (CAN) [17] 击败卡洛斯·博洛克 (ARG) 6-4 6-3 6-3

伊戈尔·西里宁 (NED) 击败阿莱克斯·库兹涅佐夫 (USA) 6-3 6-4 6-4

丹尼斯·朱迪亚 (USA) 击败詹姆斯·杜克沃特 (AUS) 6-4 6-2 3-6 4-6 6-1

伊万·多迪格 (CRO) 击败菲利普·科尔什雷伯 (GER) [16] 4-6 6-7 7-6 6-3 2-1 (科尔什雷伯退赛)

锦织圭 (JPN) [12] 击败马休·伊布登 (AUS) 6-2 6-4 6-3

莱昂纳多·梅耶尔 (ARG) 击败贾兹·贝德内 (SLO) 6-2 6-3 6-4

迈克尔·罗德拉 (FRA) 击败亚尔科·涅米宁 (FIN) 7-6 6-4 6-3

安德里亚斯·塞皮 (ITA) [23] 击败丹尼斯·伊斯托明 (UZB) 7-6 7-6 5-7 3-6 6-3

格里戈尔·迪米特洛夫 (BUL) [29] 击败西蒙尼·伯莱里 (ITA) 6-1 6-4 6-3

格雷格·泽姆利亚 (SLO) 击败迈克尔·鲁塞尔 (USA) 6-7 6-4 6-4 6-1

杰西·列文 (CAN) 击败圭多·佩拉 (ARG) 6-4 6-2 4-6 3-6 4-3 (佩拉退赛)

胡安·马丁·德尔波特罗 (ARG) [8] 击败阿尔伯特·拉莫斯 (ESP) 6-2 7-5 6-1

史蒂夫·达尔西斯 (BEL) 击败拉菲尔·纳达尔 (ESP) [5] 7-6 7-6 6-4

卢卡斯·库波特 (POL) 击败伊戈尔·安德烈耶夫 (RUS) 6-1 7-5 6-2

斯特凡纳·罗贝尔 (FRA) 击败亚利桑德罗·法拉 (COL) 6-3 7-6 7-5

贝努瓦·帕尔雷 (FRA) [25] 击败安德里安·恩格尔 (ROU) 击败 6-4 4-6 6-3 6-1

约翰·伊斯内尔 (USA) [18] 击败叶甫根尼·东斯科伊 (RUS) 6-1 7-6 7-6

艾德里安·马纳里诺 (FRA) 击败帕布洛·安度阿尔 (ESP) 6-1 6-2 6-3

达斯汀·布朗 (GER) 击败奎勒莫·加西亚·洛佩兹 (ESP) 6-3 6-3 6-3

莱顿·休伊特 (AUS) 击败斯坦·瓦林卡 (SUI) [11] 6-4 7-5 6-3

尼古拉斯·阿尔玛格洛 (ESP) [15] 击败于尔根·措普 (EST) 6-4 7-6 7-5

吉约姆·鲁芬 (FRA) 击败马林卡·马托塞维奇 (AUS) 6-1 4-6 6-4 6-3

拉德克·斯泰潘内克 (Cze) 击败马特·里德 (AUS) 6-2 6-2 6-4

耶兹·扬诺维茨 (POL) [24] 击败凯文·埃德蒙 (GBR) 6-2 6-2 6-4

约尔根·梅尔泽 (AUT) 击败法比奥·弗格尼尼 (ITA) [30] 6-7 7-5 6-3 6-2

朱利安·赖斯特 (GER) 击败卢卡斯·罗索尔 (Cze) 6-3 4-6 7-6 6-7 6-4

塞尔吉·斯塔霍夫斯基 (UKR) 击败罗热·杜特拉·达席尔瓦 (BRA) 6-4 6-0 6-4

罗杰·费德勒 (SUI) [3] 击败维克多·哈内斯库 (ROU) 6-3 6-2 6-0

乔·维尔弗雷德·特松加 (FRA) [6] 击败大卫·戈芬 (BEL) 7-6 6-4 6-3

厄内斯特·古尔比斯 (LAT) 击败爱德华·罗杰·瓦瑟兰 (FRA) 7-6 6-4 7-5

费尔南多·沃达斯科 (ESP) 击败沙维亚·马里塞 (BEL) 6-7 6-1 6-4 6-3

朱利安·贝内特乌 (FRA) 击败托比亚斯·卡姆克 (GER) 6-4 6-7 6-4 6-2

胡安·摩纳哥 (ARG) [22] 击败巴斯蒂安·克尼特尔 (GER) 6-4 6-2 6-3

拉杰夫·拉姆 (USA) 击败卢卡斯·拉科 (SVK) 7-6 6-4 6-7 6-2

肯尼·德·舍佩尔 (FRA) 击败帕奥罗·罗伦兹 (ITA) 7-6 6-4 6-2

马林·西里奇 (CRO) [10] 击败马科斯·巴格达蒂斯 (CYP) 6-3 6-4 6-4

维克托·特洛伊基 (SRB) 击败扬科·蒂普萨雷维奇 (SRB) [14] 6-3 6-4 7-6

安德烈·库兹涅佐夫 (RUS) 击败阿尔韦特·蒙塔涅斯 (ESP) 6-3 6-4 3-6 6-3

华塞克·波斯比希尔 (CAN) 击败马克·吉凯尔 (FRA) 6-3 6-2 7-6

米哈伊尔·尤兹尼 (RUS) 击败罗宾·哈泽 (NED) 6-4 7-5 7-5

汤米·罗布雷多 (ESP) [32] 击败亚力克斯·波戈莫洛夫 (RUS) 6-2 6-2 6-4

尼古拉斯·马胡 (FRA) 击败简·厄尼奇 (Cze) 6-2 6-4 6-3

卢彦勋 (TPE) 击败詹姆斯·沃德 (GBR) 6-7 6-4 7-6 7-6

安迪·穆雷 (GBR) [2] 击败本杰明·贝克尔 (GER) 6-4 6-3 6-2

第二轮

诺瓦克·德约科维奇 (SRB) [1] 击败鲍比·雷诺兹 (USA) 7-6 6-3 6-1

杰瑞米·查迪 (FRA) [28] 击败简·伦纳德·施特鲁夫 (GER) 6-2 5-7 7-6 7-6

菲里西亚诺·洛佩兹 (ESP) 击败保罗·昂利·马休 (FRA) 6-3 5-1 (马休退赛)

汤米·哈斯 (GER) [13] 击败王宇佐 (TPE) 6-3 6-2 7-5

理查德·加斯奎特 (FRA) [9] 击败添田豪 (JPN) 6-0 6-3 6-7 7-6

伯纳德·托米奇 (AUS) 击败詹姆斯·布雷克 (USA) 6-3 6-4 7-5

凯文·安德森 (RSA) [27] 击败迈克尔·柏兹西兹尼 (POL) 6-4 7-6 6-4

托马斯·伯蒂奇 (Cze) [7] 击败丹尼尔·布兰德斯 (GER) 7-6 6-4 6-2

大卫·费雷尔 (ESP) [4] 击败罗伯托·布蒂斯塔·阿古特 (ESP) 6-3 3-6 7-6 7-5

奥莱克桑德·德尔戈波洛夫 (UKR) 击败桑地亚哥·吉拉尔多 (COL) 6-4 7-5 6-3

伊戈尔·西里宁 (NED) 击败米洛斯·拉奥尼奇 (CAN) [17] 7-5 6-4 7-6

伊万·多迪格 (CRO) 击败丹尼斯·朱迪亚 (USA) 6-1 7-6 7-5

锦织圭 (JPN) [12] 击败莱昂纳多·梅耶尔 (ARG) 7-6 6-4 6-2

安德里亚斯·塞皮 (ITA) [23] 击败迈克尔·罗德拉 (FRA) 7-5 (罗德拉退赛)

格雷格·泽姆利亚 (SLO) 击败格里戈尔·迪米特洛夫 (BUL) [29] 3-6 7-6 3-6 6-4 11-9

胡安·马丁·德尔波特罗 (ARG) [8] 击败杰西·列文 (CAN) 6-2 7-6 6-3

卢卡斯·库波特 (POL) w/o 史蒂夫·达尔西斯 (BEL) 6-4 6-4 7-6

贝努瓦·帕尔雷 (FRA) [25] 击败斯特凡纳·罗贝尔 (FRA) 6-4 7-5 6-4

艾德里安·马纳里诺 (FRA) 击败约翰·伊斯内尔 (USA) [18] 1-1 (伊斯内尔退赛)

达斯汀·布朗 (GER) 击败莱顿·休伊特 (AUS) 6-4 6-4 6-7 6-2

尼古拉斯·阿尔玛格洛 (ESP) [15] 击败吉约姆·鲁芬 (FRA) 7-5 6-7 6-3 6-4

耶兹·扬诺维茨 (POL) [24] 击败拉德克·斯泰潘内克 (Cze) 6-2 5-3 (斯泰潘内克退赛)

约尔根·梅尔泽 (AUT) 击败朱利安·赖斯特 (GER) 3-6 7-6 7-6 6-2

塞尔吉·斯塔霍夫斯基 (UKR) 击败罗杰·费德勒 (SUI) [3] 6-7 7-6 7-5 7-6

厄内斯特·古尔比斯 (LAT) 击败乔·维尔弗雷德·特松加 (FRA) [6] 3-6 6-3 6-3 (特松加退赛)

费尔南多·沃达斯科 (ESP) 击败朱利安·贝内特乌 (FRA) 7-6 7-6 6-4

胡安·摩纳哥 (ARG) [22] 击败拉杰夫·拉姆 (USA) 5-7 6-2 6-4 6-2

肯尼·德·舍佩尔 (FRA) w/o 马林·西里奇 (CRO) [10]

维克托·特洛伊基 (SRB) 击败安德烈·库兹涅佐夫 (RUS) 6-4 6-3 6-4

米哈伊尔·尤兹尼 (RUS) 击败华塞克·波斯比希尔 (CAN) 6-2 6-7 7-6 3-6 6-4

汤米·罗布雷多 (ESP) [32] 击败尼古拉斯·马胡 (FRA) 7-6 6-1 7-6

安迪·穆雷 (GBR) [2] 击败卢彦勋 (TPE) 6-3 6-3 7-5

第三轮

诺瓦克·德约科维奇 (SRB) [1] 击败杰瑞米·查迪 (FRA) [28] 6-3 6-2 6-2

汤米·哈斯 (GER) [13] 击败菲里西亚诺·洛佩兹 (ESP) 4-6 6-2 7-5 6-4

伯纳德·托米奇 (AUS) 击败理查德·加斯奎特 (FRA) [9] 7-6 5-7 7-5 7-6

托马斯·伯蒂奇 (Cze) [7] 击败凯文·安德森 (RSA) [27] 3-6 6-3 6-4 7-5

大卫·费雷尔 (ESP) [4] 击败奥莱克桑德·德尔戈波洛夫 (UKR) 6-7 7-6 2-6 6-1 6-2

伊万·多迪格 (CRO) 击败伊戈尔·西里宁 (NED) 6-0 6-1 1-0 (西里宁退赛)

安德里亚斯·塞皮 (ITA) [23] 击败锦织圭 (JPN) [12] 3-6 6-2 6-7 6-1 6-4

胡安·马丁·德尔波特罗 (ARG) [8] 击败格雷格·泽姆利亚 (SLO) 7-5 7-6 6-0

卢卡斯·库波特 (POL) 击败贝努瓦·帕尔雷 (FRA) [25] 6-1 6-3 6-4

艾德里安·马纳里诺 (FRA) 击败达斯汀·布朗 (GER) 6-4 6-2 7-5

耶兹·扬诺维茨 (POL) [24] 击败尼古拉斯·阿尔玛格洛 (ESP) [15] 7-6 6-3 6-4

约尔根·梅尔泽 (AUT) 击败塞尔吉·斯塔霍夫斯基 (UKR) 6-2 2-6 7-5 6-3

费尔南多·沃达斯科 (ESP) 击败厄内斯特·古尔比斯 (LAT) 6-2 6-4 6-4

肯尼·德·舍佩尔 (FRA) 击败胡安·摩纳哥 (ARG) [22] 6-4 7-6 6-4

米哈伊尔·尤兹尼 (RUS) 击败维克托·特洛伊基 (SRB) 6-3 6-4 7-5

安迪·穆雷 (GBR) [2] 击败汤米·罗布雷多 (ESP) [32] 6-2 6-4 7-5

第四轮

诺瓦克·德约科维奇 (SRB) [1] 击败汤米·哈斯 (GER) [13] 6-1 6-4 7-5

托马斯·伯蒂奇 (Cze) [7] 击败伯纳德·托米奇 (AUS) 7-6 6-7 6-4 6-4

大卫·费雷尔 (ESP) [4] 击败伊万·多迪格 (CRO) 6-7 7-6 6-1 6-1

胡安·马丁·德尔波特罗 (ARG) [8] 击败安德里亚斯·塞皮 (ITA) [23] 6-4 7-6 6-3

卢卡斯·库波特 (POL) 击败艾德里安·马纳里诺 (FRA) 4-6 6-3 3-6 6-3 6-4

耶兹·扬诺维茨 (POL) [24] 击败约尔根·梅尔泽 (AUT) 3-6 7-6 6-4 4-6 6-4

费尔南多·沃达斯科 (ESP) 击败肯尼·德·舍佩尔 (FRA) 6-4 6-4 6-4

安迪·穆雷 (GBR) [2] 击败米哈伊尔·尤兹尼 (RUS) 6-4 7-6 6-1

四分之一决赛

诺瓦克·德约科维奇 (SRB) [1] 击败托马斯·伯蒂奇 (Cze) [7] 7-6 6-4 6-3

胡安·马丁·德尔波特罗 (ARG) [8] 击败大卫·费雷尔 (ESP) [4] 6-2 6-4 7-6

耶兹·扬诺维茨 (POL) [24] 击败卢卡斯·库波特 (POL) 7-5 6-4 6-4

安迪·穆雷 (GBR) [2] 击败费尔南多·沃达斯科 (ESP) 4-6 3-6 6-1 6-4 7-5

半决赛

诺瓦克·德约科维奇 (SRB) [1] 击败胡安·马丁·德尔波特罗 (ARG) [8] 7-5 4-6 7-6 6-7 6-3

安迪·穆雷 (GBR) [2] 击败耶兹·扬诺维茨 (POL) [24] 6-7 6-4 6-4 6-3

决赛

安迪·穆雷 (GBR) [2] 击败诺瓦克·德约科维奇 (SRB) [1] 6-4 7-6 6-4

数据来源：

www.wikipedia.org   www.wimbledon.com   www.ausopen.com
www.usopen.org   www.dailymail.co.uk

中资海派出品
为精英阅读而努力

[美] 艾伦·C. 福克斯 ◎著
喻锋平 ◎译

定 价：29.80元

拥抱不完美，
就是找一条通往与世界和解的路，
让不完美的自己在今天完美蜕变，
和更好的自己在未来惊喜相遇。

你有过这样的感觉吗？

◆ 每天看起来很忙，但还是一事无成；
◆ 力求把事情做得尽善尽美，反而离成功越来越远；
◆ 总觉得人生一片杂乱，毫无头绪，工作和爱情都磕磕碰碰；
◆ 事事都要做好充分的准备才开始动手做，但效果却差强人意……

不要太担心，可能你只是患上了"盲目追求完美综合征"。要知道不完美的人生才是真实的人生，正是这些不完美，你的人生才有了无限可能。

在本书中，73岁高龄的艾伦·C. 福克斯将自己的人生智慧总结为54条处世方法，从建立自信、提高沟通技巧到有效化解冲突，每一条方法都针对一个特别的主题，提出简单直观的策略，帮助我们学习如何接纳自己的不完美，如何爱自己，如何为自己的快乐和人生负全责，如何打造一个更受欢迎的自己。这是一本为忙碌的现代人量身定做的"完美"手册。

福克斯积极的人生观和敏锐的商业触觉使得他在人际关系、工作和生活上的见解更为独特。作者对话式的写作风格和书中所列举的大量例子，使得本书更实用也更方便读者阅读。

——《出版商周刊》

中资海派出品
为精英阅读而努力

[韩] 朴惠英 ◎著
刘丽君 ◎译

定　价：36.00元

旅行是最热闹的孤独，
是一场向着内心的出走

　　本书是作者亲身踏访西班牙朝圣之路、摩洛哥、印度、尼泊尔、突尼斯等地的旅行全记录，并总结出旅行的真正意义就是"自由"和"冒险"。如果你也曾在暗夜彷徨无助，为失却了灵魂而感到虚弱无助，请去路上，找它回来！

给想出发的你4大旅行法则

◆ 旅行不需要理由：如果想出发，就该即刻启程。
◆ 快乐最重要：跟随自己的步调，享受生活。
◆ 百闻不如亲见：不出去走走，你以为这就是世界。
◆ 旅行没有终点：路上的点滴会成为最美好的回忆。

　　1999年她带着存下的旅费及简单行囊第一次出走。此后，对旅行的狂热就一发不可收拾，人生中有十分之一的时间都在路上，目前足迹已遍及欧亚数十国。她总是在清晨拿起背包，踏上陌生的城市、陌生的街道……她穿梭在世界各地的角落，将所有的旅行经历均视为最宝贵的资产。她鼓励所有心怀远方的你，"就算只有短暂的时间，也请去旅行吧！"

　　旅行就像是一场生命的冒险，在路上永远比影像记录要来得真实，从她的文笔里，我看到了一个更加真实的世界，那是我未曾踏足的美丽新世界，在路上，相爱……
　　　　　　——畅销书《趁，此身未老》《去，你的旅行》作者 阿Sam

"iHappy 书友会"会员申请表

姓　名（以身份证为准）：_____　　性　别：_____

年　龄：_____　　　　　　　　　　职　业：_____

手机号码：_____　　　　　　　　　E-mail：_____

邮寄地址：_____　　　　　　　　　邮政编码：_____

微信账号：_____（选填）

请严格按上述格式将相关信息发邮件至中资海派"iHappy 书友会"会员服务部。

　　邮　箱：zzhpHYFW@126.com

　　微信联系方式：请扫描二维码或查找 zzhpszpublishing 关注"中资海派图书"

优惠订购	订阅人		部门		单位名称	
	地址					
	电话				传真	
	电子邮箱			公司网址		邮编
	订购书目					
	付款方式	邮局汇款	中资海派商务管理（深圳）有限公司 中国深圳银湖路中国脑库A栋四楼　　邮编：518029			
		银行电汇或转账	户　名：中资海派商务管理(深圳)有限公司 开户行：招行深圳科苑支行 账　号：81 5781 4257 1000 1 交通银行卡户名：桂林　　卡　号：6222601310006765820			
	附注	1. 请将订阅单连同汇款单影印件传真或邮寄，以凭办理。 2. 订阅单请用正楷填写清楚，以便以最快方式送达。 3. 咨询热线：0755-25970306转158、168　传　真：0755-25970309转825 　　E-mail：szmiss@126.com				

→利用本订购单订购一律享受九折特价优惠。

→团购 30 本以上八五折优惠。